国家985工程四川大学社会矛盾与社会管理研究基地支持

四川大学社会矛盾与社会管理研究丛书　　左卫民主编

刑事诉讼的案件过滤机制

基于中美两国实证材料的考察

Research on the Case Screening Mechanism of Criminal Procedure

Based on the Empirical Materials of China and United States

王禄生　著

北京大学出版社
PEKING UNIVERSITY PRESS

图书在版编目(CIP)数据

刑事诉讼的案件过滤机制:基于中美两国实证材料的考察/王禄生著.—北京:北京大学出版社,2014.11

ISBN 978-7-301-25094-5

Ⅰ.①刑… Ⅱ.①王… Ⅲ.①刑事诉讼—对比研究—中国、美国 Ⅳ.①D925.204 ②D971.252

中国版本图书馆 CIP 数据核字(2014)第 277448 号

书　　　名:刑事诉讼的案件过滤机制:基于中美两国实证材料的考察
著作责任者:王禄生　著
责 任 编 辑:陈蔼婧
标 准 书 号:ISBN 978-7-301-25094-5/D·3720
出 版 发 行:北京大学出版社
地　　　址:北京市海淀区成府路 205 号　100871
网　　　址:http://www.pup.cn　http://www.yandayuanzhao.com
新 浪 微 博:@北京大学出版社　@北大出版社燕大元照法律图书
电 子 信 箱:yandayuanzhao@163.com
电　　　话:邮购部 62752015　发行部 62750672　编辑部 62117788
　　　　　　出版部 62754962
印　刷　者:北京溢漾印刷有限公司
经　销　者:新华书店
　　　　　　965 毫米×1300 毫米　16 开本　12.25 印张　171 千字
　　　　　　2014 年 11 月第 1 版　2014 年 11 月第 1 次印刷
定　　　价:39.00 元

本书受教育部人文社科基金青年项目资助
项目名称:刑事诉讼案件过滤机制比较研究
项目号:13YJC820078

本书受中国法学会部级一般课题支持
课题名称：案件过滤机制视角下的刑事错案防范研究

代　　序

时光荏苒，不知不觉我已经从教26个年头。细数这些年来我所指导的学生，王禄生博士无疑是其中特点鲜明的一位。在四川大学法学院求学期间，他开始表现出对实证研究以及数据挖掘的喜好。如今，他的第一本个人专著《刑事诉讼的案件过滤机制：基于中美两国实证材料的考察》即将出版。作为他的导师，我由衷地感到欣慰。

必须承认，"案件过滤"这一语词对于当前中国的刑事诉讼法学界而言，多少还有些陌生。它在英文里被表述为case screening，意指警察司法机关基于特定的目的，在对案件进行审查之后所作出的、将案件排除在刑事诉讼之外的行为，比如警察机关撤销案件。毋庸置疑，一个有效运作的案件过滤机制能在提升刑事司法效率的同时，降低错案的风险。

王禄生博士选择一个在国内学界甚少被提及的主题进行研究，需要一定的勇气。实证研究是辛苦的，尤其要借助实证的范式来进行比较法研究。为了把握中外各国刑事诉讼案件过滤机制的实践，而非仅仅作文本研究，王禄生博士于2010年在国家留学基金委的资助下赴加拿大英属哥伦比亚大学访学一年。在访学期间，他收集了大量加拿大的官方报告，从而获取了有关该国案件过滤机制的官方数据。英属哥伦比亚大学作为日本最高法院在海外的培训基地，每年有许多日本法官和司法部官员在此求学。王禄生博士利用这一优势，不仅访谈了加拿大的警察和检察官，还和日本的实务部门工作人员就案件过滤展开了相应的探讨。在2011年，王禄生博士在爱德华奖学金的资助下赴美国哥伦比亚大学访问。在美国期间，他同样开展了针对案件过滤机制的实证考察。此后，在2013年，他又通过欧盟的伊拉斯莫斯项目赴欧洲访学，继续坚持针对案件过滤机制的调研。这些前期准备为本书的写作提供了数据基础。

令人欣慰的是,王禄生博士还尝试通过主体要素、目的要素和方式要素解构世界各国的案件过滤机制,从而为模式化分析提供可能。在他看来,我国刑事诉讼案件过滤机制在主体方面呈现出来的国家垄断性,在目的要素上呈现出来的单一性,以及在方式要素上所偏好的协商型特征,使得我国刑事诉讼中那些"不应起诉"和"不必起诉"的案件很难被及时过滤在刑事诉讼之外。也正因如此,低效率和低精度的问题困扰我国刑事司法良久。这些论述当然具有一定的创新性。

显然,这本著作也存在一些不足。"案件过滤"这一新颖提法的学术生命力究竟如何,仍然有待本土学者的评价和考验。同样,该书考察的国家中没有涉及一些在世界范围内有重要影响的国家,如德国和法国。因此,我希望王禄生博士能够在未来的工作中继续跟进研究,从而产出更多、更有价值的学术成果。

左卫民

2014 年 11 月 11 日

自　　序

“案件过滤”，是对刑事司法实践中这样一类实践的总称，它是指相关主体对刑事案件进行评估后，将部分案件排除在刑事诉讼之外，在程序上终止刑事诉讼，具有程序上“出罪”的功能。通常而言，刑事立案意味着案件正式进入刑事诉讼，并决定了侦查机关需要采取侦查行为，因此，如果没有相应的案件过滤制度，刑事案件的命运在刑事诉讼之初就将被锁定——获得有罪判决。虽然世界各国的刑事诉讼制度不尽相同，但毫无例外都设立了各种案件过滤制度。从实践角度来看，刑事诉讼中的侦查机关、公诉机关和审判机关所采取的、具有将已经作为刑事诉讼对象的“犯罪行为”或者“犯罪嫌疑人”排除出刑事诉讼程序，从而终止刑事诉讼的功能的各种制度，就应该被认定为案件过滤制度。因为这些制度，使得特定刑事法律关系终止，恢复到刑事立案之前的法律状态。它们既包括法律规范明示制度，也包括各机关在实践中“超越法律”的各种“法外司法”。具体而言，案件过滤可以包括侦查机关主动撤销案件，也可以包括公诉机关不予起诉，同样也包含法院进行无罪判决。

虽然中美两国案件过滤制度从表面上看并无显著不同，皆是以特定的方式将刑事案件排除出刑事追诉，并终止诉讼程序的一种行动。然而，如果我们以实证的方法考察两国案件过滤机制的实际运作时，我们就会发现二者存在着根本的不同。从类型学上看，两者形成了“镜像”。中国的案件过滤机制呈现出“国家垄断”（State-monoply）“单一目标”（Solo-purpose）和“非独断”（Joint-decision）三大特征。具体而言，我国刑事诉讼案件过滤的权力完全由国家机关垄断，公安司法机关掌握着终止和推进案件的权力。同时，我国案件过滤机制以纠错为核心目标。换言之，一个案件是否被过滤出刑事诉讼，其评价标准在于这个案件是否为错案。侦查主体、公诉主体和审判主体通过各种案件过滤,将不构成犯罪的案件排除在刑事追诉的范围之外,从而纠正刑事诉讼进行过程中所可能产生的"无辜之人受到刑事追诉"的司法错误。更进一步,各案件过滤权力主体在进行案件过滤时,并非不受约束,在案件过滤的过程中要进行充分的沟通与协调。比如检察机关在不予起诉决定作出前,通常给予公安机关两次补充侦查的机会。法院在作出无罪判决之前,也允许检察机关补充证据。

与中国形成鲜明对比的是,美国刑事诉讼的案件过滤机制呈现出"公众参与"(public participation)"多元目标"(multi-purpose)和"独断"(self-decision)的特征。这三大特征似乎与我国刑事诉讼案件过滤机制处于坐标轴的两端。美国刑事诉讼案件过滤的权力并未被国家机关所完全垄断。在司法实践中,社会公众仍然掌握特定的案件过滤权力,如大陪审团对检察官起诉决定的过滤。同时,美国案件过滤基于多元的目标而进行。换言之,纠错、宽宥和效率等均可能成为案件过滤的原因。即使证据显示嫌疑人构成犯罪,检察官也可以基于其他考虑而过滤案件。在这种类型的案件过滤中,对诉讼效率的追求、对积案的解决需求、对胜诉的需求等功利化的目标,都可能成为启动案件过滤机制的原因。此外,美国各案件过滤主体在进行案件过滤时,完全不受其他主体的影响,其案件过滤的决定通常也是终局性的。突出的实例便是检察官对无罪判决不得上诉,对预审法官驳回起诉通常也不能上诉。

根据国外现有的研究,案件过滤机制主要有两大功能:其一是将不应追诉的案件及时排除在刑事诉讼之外,从而提升刑事司法的精度;其二是将不必追诉的案件及时排除在刑事诉讼之外,从而提升刑事司法的效率。可见,一个科学合理的案件过滤机制,对于任何国家的刑事诉讼而言,均至关重要。也正因如此,特定国家的案件过滤机制的运作,势必也会给该国刑事诉讼的精度和效率带来不同程度的、正面抑或负面的影响。一国刑事诉讼中总是错案不断,很可能是该国刑事诉讼案件过滤的制度设计或实践存在不合理之处。一国刑事案件常常久拖不决,也同样可能是因为刑事诉讼案件过滤机制未能充分发挥应有的功能。令人遗憾的是,面对如此重要的基础性话题,我国学术界和实务界均缺乏必要的关注。本书正是作者对这一重要主题进行专门研究的一种尝试。

对于本书的完成，作者要感谢许多人。在这里，我首先要感谢我的恩师左卫民教授，感谢他把我引进了我将为之奋斗终生的法学研究事业。没有他5年的悉心指导，我将可能完全与学术研究无缘。恩师学识渊博、治学严谨，提倡刑事诉讼和司法制度研究范式的转型。他对我的指导，不仅体现在正式的课堂之上，还体现在日常生活的一言一行之中。凡此种种，我将终身铭记于心。感谢中国社会科学院法学研究所副研究员、《环球法律评论》副主编支振锋老师。在哥伦比亚大学求学期间，支老师对我很是照顾，与他的交流，极大拓展了我的研究视野。感谢不列颠哥伦比亚大学法学院的 Pitman Potter 教授和 Megan Coyle 女士、哥伦比亚大学法学院的 Benjamin Liebman 教授和 Daniel Richman 教授，以及夏威夷大学法学院的 Baik 副教授，他们都为本书的写作提供了帮助。尤其是 Daniel Richman 教授为我提供了大量一手的工作报告。感谢日本法官 Hiromi Nataka 和 Kazuaki Taketomi，日本司法部的 Ayumi Ishii 女士，和他们的交谈，使笔者加深了对各国案件过滤实践的把握。感谢师兄张洪松和室友苏镜祥，在3年的博士生活中，他们给我的学术研究提供了许多帮助。感谢兰荣杰、林喜芬、黄翀、全亮、肖仕卫、冯露、王育林、赵琦、段陆平等同门，他们使我在许多方面受益。最后，我要特别感谢我的家人，感谢几年来一直默默陪伴在我身边并始终支持我的爱人。生命因为爱而变得精彩。

王禄生

2014年4月

于南京秦淮河畔

目　录

导　论

一、问题的提出

晚近二十余年,随着《刑事诉讼法》的颁布与修订,我国刑事司法实践取得了长足进步。然而,刑事司法过程中发生的冤假错案、案件久拖不决等问题仍未得到根本解决。为此,无论是理论界还是实务界,对深化刑事司法改革的必要性均已达成共识。从学理上看,冤假错案与案件久拖不决,突出反映了我国刑事司法在精度和效率两方面存在相应的不足,具体表现在:第一,在刑事司法过程中"粗放经营",预防错案机制不畅,刑事司法"产品"精度不足;第二,刑事司法过程缺乏效率,"案多人少"的矛盾日益加剧,个案处断时间居高不下。根据法律规定,我国一般刑事案件的常规处断时间可达 153 天,最高期限可扩展至 646 天,羁押十余年未决的刑事案件也偶有发生。实际上,上述两大问题的症结就在于,我国尚未建立起一套科学合理、有效运作的刑事诉讼案件过滤机制。一个具有代表性的例子,便是美国刑事重罪案件的平均处理时间仅为 92 天,这得益于该国案件过滤机制的有效发挥作用。然而,令人遗憾的是,刑事诉讼案件过滤机制尚未引起国内学者的充分重视,该机制有效发挥作用对于刑事司法精度和效率的正面效应也较少被论及。

"案件过滤"(case screening)是指具有案件过滤权力的主体,基于特定的目标,对刑事案件进行评估和审查后,将部分刑事案件过滤在刑事诉讼之外的职权行为。它本质上是对案件进行"评估与控制"

(evaluation and control)[①]的"程序性步骤"(procedural steps)[②],是侦查、起诉和审判职责机关将案件从追诉系统中过滤出去的行为,如撤销案件、不予起诉和宣判无罪等。

国外学术界和实务界十分重视刑事诉讼中的案件过滤,并已有一批专门研究。就绝对数量而言,美国学者对该主题最为关注。自20世纪70年代起,美国司法部推出了一系列关于刑事诉讼案件过滤的实证研究(仅官方报告就有数十份)。日本学者从20世纪90年代中期开始关注刑事诉讼的案件过滤,联合国亚洲和远东预防犯罪研究所(UNAFEI)还两次专题探讨。上述研究已揭示,科学合理的刑事诉讼案件过滤机制将至少带来两方面的正面效应:其一,通过案件过滤,将不应追诉的案件(如证据不足)及时排除在刑事诉讼外,降低刑事司法系统的错案,提升追诉犯罪的精度;其二,通过案件过滤,将不必追诉的案件(如犯罪情节轻微的案件)及时地排除在刑事诉讼之外,降低案件负担,提升司法效率。[③] 当然,任何制度都是一柄双刃剑,案件过滤在降低错放有罪之人的风险和提升整体效率的同时,也可能给刑事诉讼造成一定的负面影响,如产生过高的刑事案件损耗,并导致有罪之人逃避刑事惩罚。[④]

尽管从表面看,世界各国刑事诉讼案件过滤机制大同小异,如均

---

① 参见 P. F. Healy and J. E. Jacoby, *The Prosecutor's Screening Function: Case Evaluation and Control*, Washington: USPGO, 1973, p. 3。

② 参见 UNAFEI, The Role of Prosecution in the Screening of Criminal Cases, Annual Report for UNAFEI(Resource Material Series No. 60), p. 326。

③ 参见 D. Crisp and D. Moxon, *Case Screening by The Crown Prosecution Service: How and Why Cases Are Terminated*, London: HMSO, 1994; UNAFEI, Effective Case Screening by Prosecutors or Other Competent Agencies, Annual Report for UNAFEI (Resource Material Series No. 53), 1997; UNAFEI, *The Role of Prosecution in the Screening of Criminal Cases*, Annual Report for UNAFEI(Resource Material Series No. 60), 2001。

④ 参见 J. Petersilia, et al., *Police Performance and Case Attrition*, Washington: USGPO, 1987; James Garofalo, Police, Prosecutors, and Felony Case Attrition, *Journal of Criminal Justice* Vol. 19, (1991)。

在形式上表现为撤案、不起诉和宣判无罪等。然而,若从实证角度切入,我们会发现,各国案件过滤的具体运作有着深刻的差异。

许多美国学者认为,刑事诉讼案件过滤的首要目标是通过案件过滤,有效降低刑事司法系统的积案,从而提升司法效率。时任美国国家地区检察官协会副主席的詹姆斯·加伯(James Garber)在1973年发布的专题报告《刑事案件过滤及其建议》(*Screening of Criminal Cases and Recommendations*)中指出:“案件过滤的基本目标应是更好地利用有限的刑事司法资源……那些被错误纳入刑事诉讼的案件,耗尽了本该被应用到其他案件的司法资源……如果我们适当地采用案件过滤,一些可在刑事诉讼体系外处理的案件就不会进入刑事诉讼中来。”① 梅里尔(W. J. Merrill)等人也认为:“如果无法将一些不够重要的案件有效地过滤,其他的重要案件就有可能无法受到有效关注,这种情况将会给刑事司法体系带来负面影响。”②

日本进行案件过滤的目标似乎与美国有一定的差异。在日本,刑事诉讼案件过滤主要是基于对特定嫌疑人的宽宥。③ 正因如此,日本刑事司法的特征被形象地归纳为“仁慈的家长制”。根据日本《刑事诉讼法》第248条的规定,根据犯人的性格、年龄及境遇、犯罪的轻重及情节和犯罪后的情况,没有必要追诉的,可以不提起公诉。④ 也就是

---

① J. Garber, *Screening of Criminal Cases and Recommendations*, Washington: USGPO, 1973.

② W. J. Merrill, et al., *Case Screening and Selected Case Processing in Prosecutors' Offices*, Washington: USGPO, 1973.

③ 参见S. Miyazawa, *Policing in Japan: A Study on Making Crime*, State University of New York Press, 1992; J. Mark Ramseyer and Eric B. Rasmusen, Why Is the Japanese Conviction Rate So High?, *The Journal of Legal Studies*, *Vol. 30*, *No. 1*, (*2001*); Okabe Masakatsu, Effective Police Administration: Criminal Investigations in Japna, *76 Police J. 135*, (*2003*); D. T. Johnson, *The Japanese Way of Justice: Prosecuting Crime in Japan*, Oxford University Press, 2002。

④ 参见《日本刑事诉讼法》,宋英辉译,中国政法大学出版社2000年版,第58页。

说，即使一个嫌疑人构成犯罪，日本的检察官也可以基于各种考量而不予起诉。因此，日本检察官在审前就将可能无法取得有罪判决的案件予以过滤，从而保障极高的定罪率。有学者统计，近年来，日本检察机关每年不予起诉的案件占到刑事案件总数的25% ~30%。[①] 这种审前的有效过滤，明显有助于提升日本法院的有罪判决率，使得日本庭审在很大程度上沦为“陪衬”和“走过场”。这也是为何有学者将日本的刑事司法戏称为“检察官司法”的原因。[②]

从我国的司法实践来看，公安部门撤销刑事立案，检察官不予批捕（不包括无逮捕必要的不捕）、不予起诉和法官宣判无罪，均有案件过滤的功能。现行《刑事诉讼法》对刑事和解以及暂缓起诉的规定，进一步丰富了我国案件过滤的方式。现阶段，国内学界虽未有针对刑事诉讼案件过滤机制的专门研究，但关于某些案件过滤方式的研究却较为丰富。根据国内现有的研究，我们大致能得出：在多重因素的共同影响下，我国现有刑事诉讼案件过滤机制运行不畅，案件过滤比例极低（不诉率约2.67%、无罪率约0.03%），大致仅为美国案件过滤比例的1/12。案件过滤机制失灵直接导致了两个严重的后果：(1) 许多不应追诉的案件未被过滤，从而形成冤假错案；(2) 许多不必追诉的案件未被过滤，造成刑事诉讼效率的低下和案件负担的增加。

正是因为案件过滤机制对于刑事诉讼具有重要作用，以及我国理论界与实务界对该主题长期忽视导致了一系列问题，对该机制的比较研究至少有以下几个方面的理论和应用价值。

1. 本研究可以在一定程度上填补国内理论研究的空白

现阶段，国内法学界尚无针对刑事诉讼案件过滤机制的专题研究，也就没有人从主体、目的和运作三要素出发，来分析世界各国刑事诉讼案件过滤机制的特征和利弊。本书希望通过对中美两国刑事诉

① 参见刘晴、段明学：《走回精密司法——日本起诉便宜主义论析》，载《乐山师范学院学报》2006年第7期。

② 参见彭勃：《日本刑事诉讼法通论》，中国政法大学出版社2002年版，第13页。

讼案件过滤机制类型化的研究,建立分析该机制的概念体系和理论框架。

2. 本书可以为分析我国刑事冤案的成因提供新的视角

当前学界较多地从刑事证据和司法理念等视角分析刑事错案的成因,作为刑事错案重要预防措施的案件过滤机制,却未受到应有的重视。以案件过滤的视角分析刑事错案的成因,将得出不同于传统分析路径的结论,也因此可能迸发新的改革灵感。

3. 本书可为我国刑事诉讼案件过滤机制的改革提供建议

通过本书的比较研究,可深入分析我国刑事诉讼案件过滤机制运行中出现的重大问题及其产生的深层原因。为新时期、新形势下以提升效率和减少错案为核心的刑事诉讼案件过滤机制改革提供有针对性和可操作的建议。

二、概念的厘定

(一) 案件过滤、非罪化、案件分流与案件损耗

通常而言,刑事立案意味着案件正式进入刑事诉讼,侦查机关需要采取侦查行为。因此,如果没有相应的案件过滤制度,那么刑事案件的命运在刑事诉讼之初就将被锁定——获得有罪判决。虽然世界各国的刑事诉讼制度不尽相同,但毫无例外都设立了各种案件过滤制度。从实践角度来看,刑事诉讼中的侦查机关、公诉机关和审判机关所采取的、具有将已经作为刑事诉讼对象的"犯罪行为"或者"犯罪嫌疑人"排除出刑事诉讼程序,从而终止刑事诉讼的功能的各种制度,就应该被认定为案件过滤制度。当然,"案件过滤"至少从概念上来说是一个新的概念,但是,在现有的理论和实务中存在着与笔者主张的"案件过滤"有部分重合和一定联系的概念。在正式展开对刑事诉讼过滤机制分析之前,笔者认为有必要厘清"案件过滤"与"非犯罪化""案件分流"之间的关系。

1. "案件过滤"与"非犯罪化"

国际上较早采用"非犯罪化"(Decriminalization)概念的文件,应是

欧盟委员会在1980年发布的《非犯罪化报告》(*Report on Decriminalization*)。该报告将“非犯罪化”划分为两类:“法律上的非犯罪化”和“事实上的非犯罪化”。前者是通过立法,将原本被认为是犯罪的行为排除在刑事犯罪之外,从而将该行为视为合法或者只进行行政处罚,比如通过立法取消通奸罪[①];“事实上的非犯罪化”又称“程序上的非犯罪化”,它是指虽未发生“法律上的非犯罪化”,但在司法过程中各国家机关对特定行为的处理发生变化,从而在程序上“非罪化”。比如,在美国犹他州,通奸仍然是刑事犯罪,但是当地警察局、检察官办公室和法院通常“默契地”对此种行为不予追诉。显而易见,“法律上的非罪化”与本书论述的“案件过滤”无关联,但“事实上的非罪化”确与“案件过滤”的概念有所竞合,比如它在结果上也表现为不予批捕、不予起诉、撤回公诉和无罪判决等。[②] 尽管如此,两者的差异仍然是显著的。简言之,所有“事实上的非罪化”,均最终会以案件过滤的形式呈现,但并非所有的“案件过滤”都是“非罪化”。“事实上的非罪化”的核心,是对刑罚谦抑原则的遵守,即将原来是犯罪的行为在程序上的“出罪”,从而表明国家在行使刑罚权方面的谨慎,具有鲜明的政策属性。[③] 它代表的是刑事司法中的特殊处断方式,因此也就不能概括

---

① 法律上“非犯罪化”的研究,可以参见张明楷:《司法上的犯罪化与非犯罪化》,载《法学家》2008年第4期;刘守芬、韩永初:《非犯罪化、非刑罚化之理性分析——报应刑刑事政策视角的观察》,载《现代法学》2004年第3期;毛玲玲:《犯罪化与非犯罪化的价值与边界》,载《华东政法大学学报》2011年第4期;李爱君、李勇:《犯罪化与非犯罪化之间:猥亵型犯罪的立法完善》,载《人民检察》2011年第14期;姜涛:《无直接被害人犯罪非罪化研究》,载《法商研究》2011年第1期;于改之:《我国当前刑事立法中的犯罪化与非犯罪化——严重脱逸社会相当性理论之提倡》,载《法学家》2007年第4期;郭晓飞:《中国有过同性恋的非罪化吗?》,载《法制与社会发展》2007年第4期;郑丽萍:《犯罪化和非犯罪化并趋——中国刑法现代化的应然趋势》,载《中国刑事法杂志》2011年第11期。

② 参见郭小亮:《论我国非犯罪化的司法路径》,载《西南政法大学学报》2009年第3期。

③ 参见贾学胜:《非犯罪化的概念界定》,载《暨南学报》(哲学社会科学版)2007年第1期。

世界各国在日常刑事诉讼程序进行过程中所大量存在的不予起诉、撤销案件和驳回起诉等司法实践。从这个意义上来说,“事实上的非罪化”包含于“案件过滤”的概念之中,它是“案件过滤”的一个特例,是基于宽宥的目标而进行的过滤。比如我国的未成年人犯罪处理方面的“非罪处理”就是明证。现阶段开展的相应改革规定,对法律没有明确规定可以不作为犯罪处理的犯罪,但犯罪情节较轻,出于挽救和教育未成年的考虑,可进行“非罪处理”,即不予批捕或者不予起诉。[①]可见,“非罪处理”是刑事司法制度中的“非常规”现象,它依附于各种改革。

2. “案件过滤”与“案件分流”

“案件分流”,英文译作 distribution 或者 division。在我国学界,“案件分流”的概念通常在狭义和广义两个层面上使用:狭义上的“案件分流”仅指程序上的繁简分流,即根据案件的难易复杂程度进行区分,将事实清楚、争议不大的案件划分到简易程序中审理,从而提高处断效率。广义上的“案件分流”则是指一个案件进入诉讼程序之后,最终没有经过正式审判程序审理的状态,它包括但不限于繁简分流,还包括辩诉交易、转处程序[②](diversion),等等。学者姜涛在其讨论“案件分流”的专著中就采用了广义的概念,他认为,分流机制的存在使得“国家的整个刑事司法系统在纵向上看就呈现为一个漏斗的形状,它将众多刑事案件吸纳进来,却经由不同的出口、在不同阶段分别进行合理的分流。”[③]显而易见,狭义的“案件分流”与“案件过滤”的概念较少交集,繁简分流显然没有将案件过滤出刑事诉讼的功能。广义“案件分流”的外延却要明显大于“案件过滤”。一言以蔽之,所有的“案

① 参见西南政法大学诉讼法与司法改革研究中心:《审查逮捕程序正当化培训材料》(内部材料),2011 年 8 月印。

② 当然,有学者甚至认为“审前分流”就是“转处程序”(diversion),这是在更小范围内使用“分流”这一概念,参见侯晓焱:《美国刑事审前分流制度评介》,载《环球法律评论》2006 年第 1 期。

③ 姜涛:《刑事程序分流研究》,人民法院出版社 2007 年版,第 2 页。

件过滤”都可被认为是一种广义上的“分流”，然而，并非所有的“案件分流”均会以“案件过滤”的形式为归宿，比如美国辩诉交易的案件就是一种很重要的案件分流，但是却明显不是本书讨论的“案件过滤”——案件并未“逃离”刑事诉讼。

综上所述，正如图1所示，在三大概念中，广义的“案件分流”的范围最大，它包含了“案件过滤”，也包含了“事实上的非犯罪化”。“案件过滤”的概念范围居中，而“事实上的非犯罪化”范围最小。

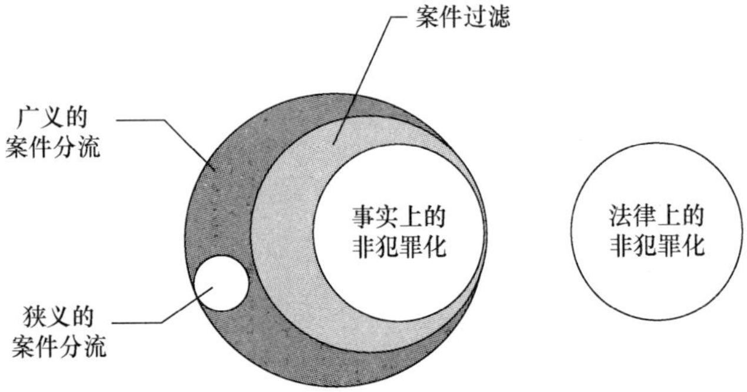

图1 “非犯罪化”“案件过滤”与“案件分流”三大概念之间的关系示意图

3. “案件过滤”与“案件损耗”

除了“非罪处理”和“案件分流”这两个概念之外，现有的理论研究中还有一个概念与笔者主张的“案件过滤”有一定的联系，那就是“案件损耗”(case attrition)。该概念主要出现在美国刑事司法的研究和实践中，是指犯罪嫌疑人被逮捕之后基于各种原因在正式审判前被过滤，通俗来讲就是特定比例的案件在刑诉运行过程中被损耗掉了。[①]美国刑事诉讼法学界从20世纪80年代末90年代初开始关注“案件损耗”问题。起因就在于芭芭拉·伯兰德(Babara Boland)等人在1986年发布的《美国重罪案件起诉报告》(*The Prosecution of Felony Arrests*)中指出的，在美国，警察逮捕并移送的重罪案件，最终不到一半获得有罪的结果(conviction)。也就是说，有超过一半的重罪案件在刑事诉讼

---

① 参见 James Garofalo, “Police, Prosecutors, and Felony Case Attrition,” *Journal of Criminal Justice Vol. 19, (1991)*。

过程中被以各种方式损耗了。[①] 此后，皮特尔斯连（Petersilia）等人在国家司法研究所（National Institute of Justice）和美国司法部的支持下发布针对案件损耗的专门报告《警察表现与案件损耗》（*Police Performance and Case Attrition*），对案件损耗的概念、原因、特征和解决方式进行了详细的阐述。[②] 该报告是现阶段美国国内对案件损耗较早的也是较为全面的研究报告。在美国刑事诉讼的语境中，案件损耗的比率就是计算警察部门逮捕后移送案件中最终有多大比例没有获得有罪结果。它在结果上也表现为案件过滤，但它却特指那部分不必要的案件过滤，如警察和检察官缺乏必要沟通而导致的案件被撤销等。

（二）案件过滤机制

在确定了"案件过滤"这一概念的内涵和外延后，笔者还需要进一步厘清"案件过滤机制"的内涵和外延。在语义学上，"机制"一词可泛指一个工作系统的组织或者部分之间相互作用的过程和方式等。要分析案件过滤的机制，势必要详细考察该机制的三大构成要素：主体、目标和权力运作要素。也就是要考察谁（who），在何种目标的指引之下（why），以何种权力运作方式进行案件过滤（how）？

1. 案件过滤的主体要素

案件过滤机制运行的原理可被描述为刑事诉讼中的侦查、公诉和审判主体依照各自对各项案件过滤制度得以实施的标准和程序的理解，依职权启动的、将受到侦查的刑事案件排除在刑事追诉之外的各种措施。可见，案件过滤是一种职权行为，因此其构成主体应享有对案件进行过滤的职权。比如，我国公安机关能依职权作出将部分刑事案件不予移送审查起诉的决定，此种处断是侦查机关的法定职权；又比如美国的大陪审团能够驳回部分检察官移送的案件，此种行为也是

---

① B. Boland, et al., *The Prosecution of Felony Arrests, 1986*, Washington: USGPO, 1989.

② 参见 J. Petersilia, et al., *Police Performance and Case Attrition*, Washington: USGPO, 1987。

大陪审团的法定职权。辩护律师的工作虽在不同程度上会影响到相关主体案件过滤的实践,如进行无罪辩护,但是案件过滤并非是辩护律师的法定职权,因此其不是案件过滤机制的主体,而与被害人、社会公众和媒体等一样,可以对案件过滤机制产生不同程度的外围影响(参与者)。

在考察主体要素时,笔者遴选了两种维度:公共参与(public participation)和国家垄断(state monoply)。从权力的分配看,美国刑事诉讼案件过滤机制的重要特征就在于案件过滤的权力并未被国家机关所垄断。实证资料显示,在美国刑事诉讼中享有案件过滤权力的主体十分多元,既有行政官员(检察官和治安官),也有司法官员(预审法官和审判法官),同样还有社会主体(大、小陪审团)。因此,美国刑事诉讼案件过滤机制的主体要素便体现出公共参与的特征。与美国相反,我国刑事诉讼中案件过滤机制的权力完全由国家机关垄断。正因如此,我国案件过滤机制的主体要素便具有了国家垄断的特征。

2. 案件过滤的目标

无论是理论层面,还是实践操作层面,要对刑事案件进行过滤,必须要建立针对案件的区分标准,即哪些案件可以过滤,哪些案件不可以过滤。这是案件过滤机制的基础。此种标准的确立与案件过滤机制的目的紧密相关。有学者指出,刑事司法制度的目的,归根结底是一个价值的优先性问题(setting priority)。[①] 选定了一个价值的优先性,势必会影响另一个价值的排位。案件过滤中不同的优先性排位,会影响案件过滤的区分标准。如果案件过滤的目标是纠正刑事诉讼中的各种错误,过滤与否的区分标准就是案件是否存在错误;如果案件过滤的目标是提高诉讼效率,过滤与否的区分标准就自然是案件是否微小到不足以花费过多资源再来追诉。在确定区分标准的基础上,才可采用相应的案件过滤的措施,有针对地对部分案件进行案件

---

① 参见〔美〕约书亚·德雷克斯、艾伦·C.迈克尔斯:《美国刑事诉讼法精解:第一卷·刑事侦查》(第4版),吴宏耀译,北京大学出版社2009年版,第23页。

过滤。

从实践来看，各国案件过滤机制的目标主要有以下几种：

（1）纠错目标导向

所谓的“纠错”，是指案件过滤是为了纠正刑事诉讼中的错误追诉，即将“不应追诉”（被冤枉之人）的案件通过各种方式过滤在刑事诉讼之外。这是一种鲜明的“回溯型”（backward-looking model）[①]目标——对之前发生的错误行为的纠正。以纠错为目标的案件过滤可以表现为检察官发现犯罪行为并非嫌疑人所为，或者认为证据不足而对案件进行过滤。

（2）效率目标导向

除了以纠错为目标外，“效率”也可能是案件过滤主体所追求的重要目标。它的出发点与“回溯型”的纠错截然相反，其追求的是所谓的“前瞻型”（forward-looking model）目标，即考虑案件继续进行的成本与最终收益之间的关系，过滤那些“不必追诉”的案件。在效率目标的指引下，区分案件是否应过滤的标准就在于：追诉该犯罪会否导致司法资源的无谓浪费和效率降低。若享有案件过滤权力的主体认为追诉特定犯罪所得的结果与花费的资源不成比例，便会将其过滤。

（3）宽宥目标导向

所谓的以“宽宥”为目标，是指案件过滤是为了体现对特定嫌疑人的宽宥，并促使其积极回归社会。此种案件过滤的标准，并非案件是否错误（纠错导向），而是为了使被追诉人享有不脱离社会权和复归社会权。它实际上体现的是刑事司法中的犹豫，是国家刑罚权的自我节制。[②]

---

① 此种概括受到《耶鲁法律杂志》一篇有关预审功能文章的启发。该文在分析美国预审时，将不同的目标划分为 forward-looking 和 backward-looking 两种类型。笔者经过再三斟酌，将两者翻译为“前瞻型”和“回溯型”。具体内容可参见 ANON, “The Function of the Preliminary Hearing in Federal Pretrial Procedure,” *83 Yale L. J.* 771 (1973)。

② 参见徐鹤喃、郭云忠：《刑事司法中的犹豫——兼谈我国不起诉制度的发展》，载《法学家》2006 年第 6 期。

(4) 功利目标导向

所谓的功利导向,是指案件过滤是基于提升案件的定罪率或者促使被告人对被害人作出赔偿等的考量。

从理想角度来看,依照目标要素的差异,我们大致可将案件过滤机制划分为“单一目标”和“多元目标”两大类型。

“单一目标”的案件过滤机制以某一个目标为绝对核心。比如,若案件过滤机制以纠错为核心,则官员(警察、检察官和法官等)或机关(警察部门、检察部门和法院)作出案件过滤的决定(如撤销案件、不予起诉和无罪判决等)的主要目的是为纠正在刑事诉讼各阶段中可能产生的错误,即“无辜之人受到刑事追诉”的司法错误。如果无辜之人在刑事诉讼各个环节中均未被以各种方式过滤,其结果将是国家刑罚权的错误实施。因此,纠错导向型的案件过滤机制的终极目标,是追求犯罪打击的精确性,是对精确的司法正义的强调。比如说,检察官不予起诉的案件过滤决定是为了纠正警察错误移送的案件;法官作出无罪判决是因为他/她认为检察官错误地将无辜之人移送审判。在纠错理想型的模式中,正因以纠正错误为目标,因此所有的案件过滤机制都将会受到来自内部和外部的、以纠正错误为目标的双重审查。用一个形象的比喻就是:“(纠错导向的案件过滤中)侦、控、审之间按‘互相配合、互相制约’的原则依时序排列,形成所谓‘流水作业’的工序关系。控诉、审判工作被理解为深加工、质检性质。”[①]这种倾向下的案件过滤机制可以形成一种统一的刑事政策目标——保证精确性。

与“单一目标”的案件过滤机制相比,在“多元目标”的机制中,纠错、效率、宽宥和功利等诉求具有相同或者类似的重要性。日本所奉行的起诉便宜主义就是很好的例子。即使证据显示嫌疑人构成犯罪,检察官也可以基于其他考虑而过滤案件。在这种类型的案件过滤中,对诉讼效率的追求、对积案的解决需求、对胜诉的需求等功利化的目标,都可能成为启动案件过滤机制的原因。换言之,案件过滤可能并非纠正了

---

① 谢佑平、江涌:《从治罪到维权:我国刑事诉讼构造之重构》,载《江海学刊》2007 年第 3 期。

错误,而恰恰在某种程度上加剧了错误。笔者将在本书中证实:中国和美国的案件过滤机制表现出十分显著的目标差异。前者为"单一目标",后者则是"多元目标"。

3. 案件过滤的权力运作要素

研究机制势必还要考察各主体在案件过滤过程中的相互关系。这也需要我们建立一种框架来分析现有的制度实践。如果从理想角度出发,我们能够很快地思考出,案件过滤过程中各个主体的关系应该有可能呈现出两种极端:"独断"和"非独断"。在非独断的案件过滤机制中,各案件过滤主体在进行案件过滤时,采用的是在充分交流的基础之上的合作与协商,并以此为基础进行案件过滤。因此,非独断的案件过滤机制通常发生在侦查、公诉和审判主体关系相对紧密和融洽的制度环境之中。与之形成鲜明对比的是独断型的案件过滤机制,各主体依照职权径直作出案件过滤的决定,在此过程中几乎不存在交流和协作。因此,独断型案件过滤机制通常发生在侦查、公诉和审判主体彼此独立运作的制度环境之中。本书将会证明,中国和美国的案件过滤机制在主体关系方面也基本呈现出两个完全不同的维度。

三、文 献 综 述

尽管当前我国学界缺乏对案件过滤机制的专题研究,但学者已经对案件过滤机制中若干具体实践进行了丰富的研究。这其中,学者对我国法律制度规定的"不予批捕""不予起诉"和"无罪判决"的研究较为丰富。另一方面,学者对法律制度之外的案件过滤的实践也给予了一定的关注,许多实务部门工作人员以实证的视角为我们揭示了这些"法外司法"的实际运作情况。

(一) 关于不予批捕制度的研究

虽然从法律文本的功能定位来看,不予批准逮捕并非对刑事案件的实体性处分,其后果只是导致强制措施的变更。然而实际上,逮捕已被赋予实体处分的功能。也就是说,被批捕之人最终基本都会被宣判有罪。现有的关于逮捕的研究都也基本承认了此种现状的存在。[①]由于逮捕具有很强的“定罪”倾向,因此不予逮捕就自然被赋予了案件过滤的功能。

(二) 关于不起诉制度的研究

不予起诉制度大致可以分为绝对不诉、相对不诉和存疑不诉三种。学者的研究认为,不予起诉制度实际上是检察机关的一种诉讼处分行为,其实质是检察机关在程序上放弃对犯罪嫌疑人的控诉[②],一种终止刑事诉讼的行为[③],一种程序上的出罪。不予起诉往往意味着刑事案件已经被过滤出刑事诉讼。

(三) 关于撤回提请逮捕的研究

撤回提请批准逮捕,简称撤捕,是公安机关在将犯罪嫌疑人提请检察机关批准逮捕之后,检察机关尚未作出批准逮捕或者不批准逮捕之前,因某种原因向检察机关要求撤回对该犯罪嫌疑人的提请批准逮捕。[④] 许多学者已经对此问题展开研究和讨论,得出较为一致的看法是:这种操作在《刑事诉讼法》和相关司法解释中均未提及,是一种

---

① 此类观点请参见陈瑞华:《刑事程序失灵问题的初步研究》,载《中国法学》2007 年第 6 期;王延祥、张雅芳:《审查逮捕主要程序问题研究》,载《政治与法律》2011 年第 7 期;曹国华:《逮捕适用中存在的问题及改革完善对策》,载《人民检察》2008 年第 22 期;李昌林:《审查逮捕程序改革的进路——以提高逮捕案件质量为核心》,载《现代法学》2011 年第 1 期。

② 参见侯智、黄鲁滨:《刑事不起诉制度探析》,载《法学杂志》2009 年第 10 期。

③ 参见成凯:《不起诉的效力与公诉转自诉疑难问题探究》,载《西南民族大学学报》(人文社科版)2004 年第 1 期。

④ 参见姚志强:《析公安机关撤回提请批准逮捕》,载上海金山区检察院网站:http://www.52921234.com/jsjcy/page3-4.htm。访问时间:2012 年 3 月 16 日。

“隐形的程序运用”[①]或者是“司法潜规则”[②],或曰“法外司法”。撤捕的案件中有部分会被重新提请逮捕,剩余的绝大部分会被公安机关以撤销刑事立案的方式过滤在刑事诉讼之外。

(四)关于撤回审查起诉的研究

在公诉阶段,公安机关撤回案件,是指公安机关将侦查终结的刑事案件移送公诉机关审查起诉后,基于一定的原因将此案件撤回的司法实践。学者的研究已经揭示,撤回审查起诉的制度,并非是《刑事诉讼法》规定的制度,而是通过最高人民检察院《人民检察院刑事诉讼规则(试行)》(以下简称《高检规则》)设立的一种“法外司法”[③]。根据现有的研究,公安机关撤回审查起诉之后,通常的选择是撤销刑事案件或重新移送。然而,由于撤回审查起诉主要是检察机关不予起诉制度的一种替代,因此,其中绝大多数案件最终会被撤销,形成案件过滤。

(五)关于撤回公诉的研究

检察机关撤回起诉,是指检察机关对被告人提起公诉后,在法院宣告判决前,依照一定的条件和程序,向法院要求撤回并由法院裁定是否准许的一种诉讼行为。[④] 针对撤回公诉的既有研究较为丰富,有的学者认为撤回公诉制度是一种刑事诉讼过滤机制和诉讼程序补救机制,与公诉机制共同彰显诉讼的程序价值和人权保障功能,维护着

---

① 王永法、曹大波:《撤回提请批准逮捕情况的实证分析》,载《中国刑事法杂志》2011 年第 2 期。

② 汪海燕:《论刑事程序倒流》,载《法学研究》2008 年第 5 期。

③ 此类观点请参见郝双梅:《刑事撤案若干问题研究》,载《天津法学》2011 年第 2 期;王立德、李旺城:《透视“撤案”程序危机 提高法律监督能力——对顺义区近三年公诉阶段公安机关撤回案件的实证研究》,载《中国检察官》2006 年第 2 期。

④ 参见单晓云、李旺城:《检察机关撤回起诉适用“危机”及改革出路——对北京市近年来检察机关撤回起诉案件情况的实证研究》,载《北京联合大学学报》(人文社会科学版)2008 年第 3 期。

检察权威和司法形象[①]，是检察机关贯彻“疑罪从无”原则的体现[②]。有的学者则认为，在司法实践中，撤回公诉实际上已被严重扭曲，检察机关撤回起诉的案件大多是法院准备作出无罪判决的案件。这种撤诉往往是检、法两家“互相配合”或者“讨价还价”的产物，成为检察机关避免错案追究和维护“脸面”的托辞或护身符。[③] 撤回公诉的案件并非全部是案件过滤，因为检察机关在撤回公诉之后，可能的处理结果有四种：重新起诉、退回公安机关撤销案件、补充侦查、作出不起诉的决定。这其中，退回公安机关撤销案件和作出不起诉决定两种制度才具有案件过滤的功能。根据地方公布的数据，撤回公诉中重新提起诉讼的，大致只占三成[④]，剩余的案件就会过滤出刑事诉讼。

四、思路、材料与方法

（一）研究的思路

本书以案件过滤为研究对象，采用比较法的方法研究中美两国案件过滤理论、制度与实践，探讨两国案件过滤机制的异同，并分析两国案件过滤机制差异的深层原因。虽然，从表面看来，中美两国的案件过滤机制大同小异，但是在各国特有的制度环境中，案件过滤机制却表现为截然不同的类型特征。笔者希望通过自己的研究证实，中美两国案件过滤机制的不同类型决定了两国在案件过滤过程中所体现出

---

① 参见暴洁、钱芳：《刑事公诉案件撤回起诉的司法实践与思考》，载《中国检察官》2008 年第 1 期。

② 参见王唐飞、蒋义红：《刑事撤回公诉辨析》，载《中国刑事法杂志》2010 年第 7 期。

③ 参见顾永忠、刘莹：《论撤回公诉的司法误区与立法重构》，载《法律科学》2007 年第 2 期。

④ 参见单晓云、李旺城：《检察机关撤回起诉适用“危机”及改革出路——对北京市近年来检察机关撤回起诉案件情况的实证研究》，载《北京联合大学学报》（人文社会科学版）2008 年第 3 期。

截然不同的特征，最为直接的结果就是两国案件过滤比率的悬殊，这一点在无罪判决上表现得尤为明显。

实际上，两种案件过滤机制均是在一国特定的制度环境中逐渐形成的，它是案件过滤主体为了适应一国刑诉制度中合法性的要求而采取的实践。两种机制均在特定的环境中完成了一定的任务，但同时也伴随着各种各样的问题。中国式的案件过滤机制，提升了罪与非罪区分的准确性，但同时公安、司法机关也可能由“共赢”转向“共谋”，从而导致冤假错案的产生。美国式的案件过滤机制虽在预防无罪之人受到刑事追诉之上卓有建树，却无法充分纠正刑事诉讼过程中产生的错误，从而使美国刑事诉讼在探寻案件事实方面遭遇一定程度的失败。美国本土学者就曾感叹：美国刑事审判的结果就好比“丢骰子”般让人难以捉摸。① 有二十余年工作经验的纽约州高等法院法官 Rothwax 也在其著作中指出：“如果我们的目标是为了公正和探寻案件的事实，这个目标不仅仅是失败了，并且是以一种极其悲惨的方式失败的。”②

（二）研究方法与材料

1. 类型化分析

仅从制度表象上看，世界各国刑事诉讼中的案件过滤机制大同小异，主要表现为侦查机关通过撤案的方式将部分刑事案件不予移送审查起诉，检察机关以不予起诉的方式撤销部分刑事案件，法院以无罪判决的形式区分罪与非罪。然而，如果细心地深入到各国制度实践中去观察，我们就会发现，对于此类制度的操作是如此的多元化，以至于似乎无法用一套通用的词汇来概括。在美国，侦查部门、起诉部门和

---

① William T. Pizzi: *Trials without Truth: Why Our System of Criminal Trials Has Become An Expensive Failure and What We Need to Do to Rebuild*, New York University Press, 1999, p. 69.

② Harold J. Rothwax: *Guilty: The Collapse of Criminal Justice*, New York: Random House, 1996.

审判部门在作出案件过滤时,彼此间很少交流和沟通;而在东方的日本,法官在决定判处无罪前,通常会事先与检察官进行正式和非正式的沟通①;在中国,法官、检察官和警察之间的正式和非正式的协作,已经成为案件过滤的前置程序。这些不同做法直接导致各国案件过滤比率的不同。在美国,检察官可以因为地方政策而选择将一些事实上有罪的案件进行无罪化处理,因此在高峰年份中,美国案件过滤的比率甚至可以超过50%;在日本,检察官每年可以对将近25%~30%的有罪案件以"暂缓起诉"的形式进行无罪化处理;而在中国,检察官不予起诉的比例很低,其中轻罪不予起诉的比例更低,案件过滤的官方数据不会高于10%。

面对纷繁复杂的制度实践,以类型学的研究范式能够最好地分析各国案件过滤机制运行的特征。而以何种标准进行分类,就成为本研究推进的关键。在分类中,笔者关注三个主题:主体要素、目标要素和运作要素。具体而言,笔者希望观察世界各国的案件过滤是由哪些主体,在何种目标指导下,又是以何种方式进行的?类型化分析包含着笔者的一种"野心",即通过"国家垄断"与"公众参与""单一目标"与"多元目标""非独断"与"独断"的不同组合,有效地对世界各国的案件过滤实践进行类型化解释(详见图2)。

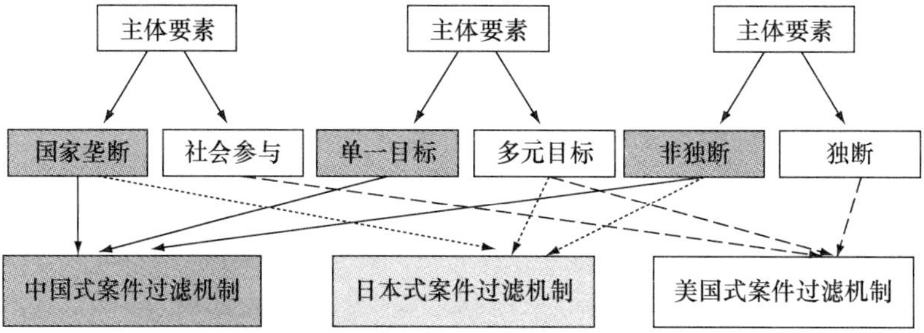

图2 中、日、美三国刑事诉讼案件过滤机制类型图

在笔者进行比较研究之前,还有必要强调,对美国的考察是建立在"外部"视角的基础之上的,虽然笔者通过实证访谈的方式进行了考

① 访谈编号:JCKT-1。

察,但在评价分析时仍然是"外部"的,而不是土生土长的本地人评论周边的事物。正如达玛什卡所言,不同的视角可能会导致严重的误解。[①] 一个被国内民众认为毫无希望的刑事诉讼程序,也可能会被国外民众奉为金科玉律,一个被国内民众认为自然而然的制度实践,也可能会被国外民众视为异端。[②] 因此也正是在这个意义上说,笔者的本研究也是"具有中国特色的"——以中国本土视角来对中美两国案件过滤机制进行类型化分析。

2. 实证研究方法

中国是一个谜,而且是一个远没有被解开的谜。中国的司法制度是个谜,中国的司法实践更是一个谜。与中国相似,美国的司法实践对于中国研究者来说,实际上也是一个谜。这个谜首先来源于美国多元化的地方实践以及联邦与地方截然不同的实践样态。造成此迷局的原因,还在于国内学者过度关注美国司法实践的制度设计,而忽视制度实践,重视联邦制度而忽视地方制度。要解开这些谜团,就必须采用"冷酷实证法"[③],尽量不代入任何感情色彩和政治立场去观察中国和美国,尽量不作或者只作最低限度的价值判断,并在直达事物本质之前不提出任何价值主张。具体而言,就是在关注中国和美国案件过滤实践时,首先关注实践的描述和分析,在描述和分析的基础之上作有限的价值判断。也就是说,不戴着有色眼镜来看待中美的实践,尤其不能一旦中国的实践与美国不相同,就认为中国的实践就是落后和错误的,反之亦然。

为了更好地了解中美两国案件过滤的真实样态,笔者首先对中美

---

① 参见〔美〕米尔伊安·R.达玛什卡:《司法和国家权力的多种面孔——比较视野中的法律程序》,郑戈译,中国政法大学出版社 2004 年版,导论。

② 美国的检察官可以因为办公室政策(office policy)而对一些案件进行案件过滤,即使是这些案件事实上有罪,比如不同检察官办公室可能基于不同的犯罪情况而对毒品犯罪的起刑点做出不同的内部规定,这种实践在中国视角中被认为是不可接受的。

③ 该方法由学者方绍伟提出,参见方绍伟:《解读中国这个"谜"》,载 http://www.china-review.com/lishipindaoa.asp? id=29101,访问时间 2014 年 6 月 2 日。

两国刑事司法的工作者进行了深度访谈。在中国,笔者选择了 S 省 C 市 G 区的公安机关、检察机关及人民法院的工作人员作为访谈对象。此外,笔者同时还选择了 C 省和 G 省公安机关,以及 F 省检察机关的部分工作人员进行访谈。通过深度访谈,笔者初步掌握了中国刑事诉讼案件过滤机制的真实运作状况。为了更好地了解美国刑事诉讼的运作状况,笔者利用在美国访学期间的便利条件,对美国纽约州的检察官进行了详细的访谈。同时,在这些检察官的帮助下,取得了其他州检察官的联系方式,并通过电子邮件的方式和他们一起对某些具体问题进行了详细的探讨。这些检察官为笔者提供了许多联邦数据统计局不曾公布的,但是却又是十分重要的地方工作报告。

除了访谈之外,在国外访问期间笔者还收集了大量的美国司法数据局(Bureau of Jutice Statistics)发布的各类报告,这些报告为笔者进行美国案件过滤的研究提供了详实的基础。另外,笔者还收集了许多在国外有一定影响的,但是却尚未被翻译成中文的著作。这些著作中许多都是采用实证的方法进行研究,因此具有很强的实践性。这些资料为笔者进行研究提供了可能。

为了完成既定的研究目标,笔者将本书划分为五个章节(导论除外)。第一和第二章分别对中美两国刑事诉讼的案件过滤实践进行实证分析。在前两章的基础之上,笔者将在第三章中,从主体、目标和方式三大要素入手,展开对中美两国刑事诉讼案件过滤机制的类型分析。第一至三章的论述将说明:虽然中美两国案件过滤制度在表面上看起来并无明显不同,但是如果我们用实证的方法来考察案件过滤制度的实践,我们便会发现两国案件过滤机制呈现出截然不同的类型特征。这种不同的类型直接导致了中美案件过滤实践的“貌合神离”。在本书的第四章,笔者将会采用新制度主义和资源依赖理论的框架来分析,虽然中美两国案件过滤机制呈现出明显的差异,但是造成此种差异的原因却是相同的,即机制类型由案件过滤主体所处的制度环境所决定。不同的制度环境形塑了不同的案件过滤类型。论文的第五章将会在第四章的基础之上,分析中美案件过滤机制对于彼此刑事诉讼所带来的影响,并以此结束本书。

第一章　中国刑事诉讼的案件过滤机制

一、侦查阶段的案件过滤

（一）公安机关不予移送审查起诉

在我国的刑事诉讼中，大部分刑事案件的侦查活动都由公安机关进行。[①] 对已立案的刑事案件，公安机关侦破后会形成三种结果：

（1）行政处理/治安处罚：公安机关刑事立案后，如果通过侦查发现涉嫌的犯罪行为属于违反治安管理的行为，或者因为情节轻微、危害不大，不认为是犯罪，但也需依法给予治安处罚时，就需撤销该刑事立案，并改立为治安案件。[②]

（2）撤销案件：公安机关对侦查后不认为是犯罪，也不符合治安处罚标准的刑事立案，会作出撤销刑事立案的决定。这是对那些经过侦查后发现不应对犯罪嫌疑人追究刑事责任的案件，所作出的一种终止诉讼的程序处理决定。[③]《刑事诉讼法》第 161 条规定，在侦查过程中，发现不应对犯罪嫌疑人追究刑事责任的，应当撤销案件；犯罪嫌疑人已被逮捕的，应当立即释放，发给释放证明，并且通知原批准逮捕的人民检察院。可见，撤案可以发生在逮捕之前，也可以发生在逮捕之后。

（3）移送起诉：公安机关对侦破的有证据证明是犯罪的案件，会

---

① 此外，检察机关、国家安全机关、军队保卫部门和监狱也负责部分案件的侦查。

② 参见《刑事诉讼法》第 15 条和《公安机关办理刑事案件程序规定》第 183 条。

③ 参见陈烜：《论侦查阶段撤销案件的监督和制约机制》，载《华东政法大学学报》2009 年第 2 期。

移送人民检察院审查起诉。可见，通过治安处罚和撤销案件，公安机关成功完成对刑事立案的筛选，从而实现第一道案件过滤，将部分刑事案件排除在刑事追诉的范围之外。①

根据中国法律年鉴的数据，在2000年、2002年、2005年、2006年和2007年5年中②，全国各侦查机关共破获各类刑事案件1 046.77万件，最终移送检察机关审查起诉的刑事案件数量为358.45万件。换言之，在侦查阶段，侦查机关通过自身过滤机制，将大致65.76%的刑事立案过滤掉了。以下是对C省刑侦民警L和G省警官I的访谈。

民警L：刑事案件在侦破后，会根据具体情况选择处理方式。如果不构成犯罪，就会转成行政处理，或者撤销刑事案件。比如说，我们这边盗窃刑案标准是800元，但是立刑事案件只要超过500元就行了。这样的话，如果后来价格鉴定被盗标的在500元以下，那就要转为行政案件了。当然，我们（负责刑侦，笔者注）认为应该移送审查起诉的案件需要经过法制科的审查，通过才起诉，如果通不过就不移送起诉。这几年，法制科不通过的情况还是有的，但是不多。③

警官I：破案的标准和起诉的标准不一样。破案是由公安机关单方认定的，但是否起诉要由检察官认定。检察官不是有裁量不起诉的权力吗？另外，有一些不能追究刑事责任的，很可能被劳教了。此外，还有一些案件是系列案件，我们公安机关认为破获了，但是犯罪嫌疑人交待的都是孤证，很多案件检察院认定不了，起诉不了。但从公安方面来看，应该是认为破了。比如像电信诈骗案件，很可能一个团伙

① 除了公安机关之外，检察机关也要承担部分案件的侦查工作，在此过程中，检察机关也通过相类似的内部筛选机制，对部分自侦案件进行了无罪处理。严格来讲，国家安全机关、海关、监狱和军队保卫部门均有权限进行侦查，但此类案件数量有限，本书仅关注一般刑事案件的过滤流程。

② 不得不承认，官方数据的缺失，给笔者的分析带来了一定的困难，由于官方对各侦查机关移送审查起诉案件的数量不够关注，因此部分年份的数据缺失，笔者只能分析数据完整的5年的情况。

③ 访谈编号：CDRGL-1。

交待了多起案件，但最终认定能被起诉的总是少数。[①]

当然，必须指出的是，这65%的案件过滤比例实际上是有极大"水分"的。这和公安机关采用"以事立案"的模式密切相关。《刑事诉讼法》第107条规定："公安机关或者人民检察院发现犯罪事实或者犯罪嫌疑人，应当按照管辖范围，立案侦查"。也就是说，公安机关发现犯罪事实时，如果没有确定犯罪嫌疑人，仍然要"以事立案"。并且公安机关"以事立案"时往往放宽了标准，从而形成大量事实上可能不构成刑事犯罪的案件被立案侦查。这些案件的侦查结果，往往是行为不构成犯罪而撤案或者改为行政处罚。但是仍然被计入公安机关的"破案"数。同时，对于共同犯罪的案件，犯罪嫌疑人往往不是一次性被抓全的，这些共同犯罪可能被立案数次，如果侦查终结则均会视为破案，但移送审查起诉时则会被视为一个案件进行计算。个别公安机关将犯罪嫌疑人作的每"次"案均单独立为一"起"刑事案件的做法，增加了立案、破案的总数，造成了破案绝对数的大幅上升与实际战果的人为放大。[②] 另外，在实践中，有很多案件，如投毒、高坠、缢死、溺水等非正常死亡案件及经济犯罪案件等，要判断是否有犯罪事实存在，往往要在立案后，经过艰苦反复的侦查取证才能知道。究竟应不应当立案侦查，侦查终结前很难有一个相对客观的判断标准。[③] 故而，如果从犯罪嫌疑人被过滤的比例来看，数据应该会明显低于65%。

（二）检察机关不予批准逮捕

根据《刑事诉讼法》第79条的规定，侦查机关在刑事立案之后，对有证据证明有犯罪事实，可能判处徒刑以上刑罚的犯罪嫌疑人、被告人，采取取保候审尚不足以防止发生社会危险性的，应当逮捕。在刑

---

① 访谈编号：GGGI-1。

② 参见成序、罗波、崔存军：《法治视野中的刑事案件立案程序——以公安机关为视角的考证》，载《政法学刊》2006年第3期。

③ 参见刘福谦：《〈关于刑事立案监督有关问题的规定（试行）〉之理解与适用》，载《人民检察》2010年第17期。

事诉讼职权的分工中，公安机关仅有提请逮捕的权力，逮捕与否需经检察机关审查。实践中，检察机关会对公安机关提交的部分逮捕申请不予批准。虽然从法律文本的功能定位来看，不予批准逮捕并非是对刑事案件的实体性处分，其后果只是导致强制措施的变更。然而实际上，逮捕已经被赋予了实体处分的功能。学者陈瑞华将之称为"逮捕的定罪判刑预演化"。[①] 检察官王延祥和张雅芳也认为，虽然逮捕不是实体上的处理，只是一种保障诉讼的强制措施，但逮捕实质上却具有实体处分的机能。犯罪嫌疑人一旦被捕，他就被送上了通向刑罚的轨道，其与刑罚的距离被逐渐拉近。一旦检察机关不批准逮捕，往往意味着案件的终结。[②] 检察官曹国华的观点也大致相近："长期以来，逮捕羁押一直被视为定罪、科刑的预演，而且一经逮捕，法院所作的判决基本上是以实刑为主，有的案件完全是根据被告人被实际羁押的期限来判处刑期，把逮捕羁押演化为'预支刑罚'。"[③]学者李昌林同样指出："逮捕具有'绑架'起诉、审判的效果，即对被逮捕的犯罪嫌疑人，检察机关往往不得不尽量作出起诉的决定，法院则要尽量宣告被告人有罪，并根据羁押期限决定判处的刑罚。"[④]

由于逮捕在实践中被异化为"有罪"的预告，检察机关不予批准逮捕则很可能是检察官认为某个案件不构成犯罪的"暗示"，此种暗示往往会促使侦查机关启动自身的案件过滤机制，比如公安机关撤销案件。2003 年至 2011 年间，各侦查机关申请逮捕的犯罪嫌疑人共计

---

① 陈瑞华：《刑事程序失灵问题的初步研究》，载《中国法学》2007 年第 6 期。

② 参见王延祥、张雅芳：《审查逮捕主要程序问题研究》，载《政治与法律》2011 年第 7 期。

③ 曹国华：《逮捕适用中存在的问题及改革完善对策》，载《人民检察》2008 年第 22 期。

④ 李昌林：《审查逮捕程序改革的进路——以提高逮捕案件质量为核心》，载《现代法学》2011 年第 1 期。

8 197 623 人，其中检察机关不予批准逮捕为 793 863 人，占总数的 9.68%。[①] 当然，必须指出的是，检察机关不予逮捕的原因主要有"错捕"和"不当逮捕"[②]两种，只有针对"错捕"的纠正才具有案件过滤的属性——将无罪之人排除在刑事追诉之外，而对"不当逮捕"的纠正，并不涉及案件过滤的问题。

对不予逮捕的案件，公安机关通常会选择撤销刑事立案，而仅在极少数情况下会选择重新补充证据再次申请逮捕。对 S 省 C 市 T 区检察官 C 的访谈就能够验证笔者的上述论断："不批捕率接近 12%。侦查机关自己撤案的占一半以上，证据不足再报批的很少，也就一两件；不捕的要向公安说明理由，或要给他们补充材料的提纲，指明补侦的方向。"[③]"不予逮捕"作为刑事诉讼初始阶段的重要案件过滤机制，它功能的发挥对刑事诉讼的正常运行影响深远。因此，近年来，"不予逮捕"的作用被日益强调。学者陈瑞华将"不予逮捕"称为刑事诉讼的"上游问题"，并指出"上游问题"的改革成功将会为"下游问题"的改革创造空间。[④]

然而，从 1997 年《刑事诉讼法》修订之后，不予逮捕的案件过滤功能就不断弱化，由 1998 年的 13.62% 一路下降至 2005 年的 2.11%。因此，检察机关行使批准逮捕的权力受到学界较多批评。许多学者认

---

① 2003 年 1 月至 2006 年 5 月的数据来源于 2007 年的《中国法律年鉴》，其后 3 年的数据根据 2008 年、2009 年和 2011 年的《中国法律年鉴》整理，数据中不包含检察机关自侦的案件。2010 年和 2011 年的数据来源于 2011 年和 2012 年的《最高人民检察院工作报告》。

② "错捕"是指逮捕没有犯罪行为的人，既可能是因为有充分证据证明行为人不构成犯罪，也可能是因为事实不清、证据不足无法确定行为人是否有犯罪可能。在实践中，检察机关基于以上两种考量而不予批捕，分别被称为"绝对不捕"和"存疑不捕"。"不当逮捕"是指被逮捕的人虽然有犯罪行为，但是其所涉嫌的犯罪行为不可能被判处有期徒刑以上刑罚，或者对犯罪嫌疑人没有逮捕的必要。在实践中，检察机关基于这种考量而不予批捕，被称为"相对不捕"。

③ 访谈编号：SCTJC-1。

④ 参见陈瑞华 2010 年 5 月 10 日在"社会管理创新与未成年人刑事案件审查逮捕程序改革研讨会"上的讲话。

为应该将批捕权交由中立的法院行使。[①] 毫无疑问，检察机关并不同意调整审查逮捕权的配置。[②] 因此，近年来检察机关日益重视批捕工作。2006 年发布的《关于在检察工作中贯彻宽严相济刑事司法政策的若干意见》中明确指出："可捕可不捕的，坚决不捕"。这被认为是对实践中"可捕可不捕，捕"的一种纠正。该文件的出台，极大地促进了不予逮捕的实践。随后，不予逮捕的比例逐步回升。此外，为了加强对自侦案件审查逮捕工作的监督，2009 年 9 月初，最高人民检察院出台了《关于省级以下人民检察院立案侦查的案件由上一级人民检察院审查决定逮捕的规定（试行）》，明确规定，省级以下（不含省级）检察院立案侦查的案件，需要逮捕犯罪嫌疑人的，应当报请上一级检察院审查决定。[③] 此种上提一级的司法改革已经取得了明显的成效，"不批捕案件数量明显上升"[④]。改革实施后，全国职务犯罪案件不捕率接近 8%，与 2008 年不捕率 3.9% 相比，上升 4 个百分点。[⑤] 部分地方还开展了"每案必讯"[⑥]的改革。

---

① 关于逮捕权由检察机关行使的"否定说"和"肯定说"，可以参见孙长永：《检察机关批捕权问题管见》，载《国家检察官学院学报》2009 年第 2 期。

② 参见最高人民检察院司法改革领导小组办公室主任王洪祥 2010 年 5 月 10 日在"社会管理创新与未成年人刑事案件审查逮捕程序改革研讨会"上的讲话。

③ 该改革是对中央政法委 2008 年发布的《关于深化司法体制和工作机制若干问题的意见》的执行。中央政法委要求由最高人民检察院牵头落实，公安部等有关部门予以协办。相似规定还体现在最高检 2007 年 1 月 31 日《关于审查批准逮捕外国犯罪嫌疑人的规定》、最高检 2010 年 8 月 23 日《关于严格依法办理诽谤刑事案件有关问题的通知》。

④ 周光权、刘祥林、王黎、邢永杰：《职务犯罪案件批捕权上提一级试行改革报告》，载《人民检察》2011 年第 11 期。

⑤ 参见徐日丹：《职务犯罪案件审查逮捕上提一级改革初见成效》，载 2010 年 8 月 26 日《检察日报》。

⑥ 上海市人民检察院 2006 年制定的《关于审查逮捕讯问犯罪嫌疑人的办法（试行）》规定："办理审查逮捕案件，应当讯问犯罪嫌疑人。因特殊情况不具备讯问条件的，经层报检察长批准，可以不讯问犯罪嫌疑人。"

这些改革“多管齐下”,共同提升了检察机关不予批准逮捕的数量。官方统计数据也显示,不予逮捕的比例在不断攀升。2008 年决定不予逮捕的人数 107 815 人,占总数的 10.17%,2009 年不予批准逮捕的人数进一步上升至 123 235 人,占总数的 11.58%,2010 年和 2011 年的不予逮捕的比率则分别提升至 12.89% 和 14.3%。同时,各地检察机关仍然在采用各种改革探索,加强“不予批捕”的案件过滤功能。[①] 可以预见,在未来不予逮捕的案件过滤功能还有继续提升的可能。

(三)公安机关撤回提请批准逮捕

有趣的是,在检察机关作出不予批准逮捕的决定之前,实践中还存在着由公安机关提出撤回提请批准逮捕的现象。撤回提请批准逮捕,简称撤捕,是公安机关在将犯罪嫌疑人提请检察机关批准逮捕之后,检察机关尚未作出批准逮捕或者不批准逮捕之前,因某种原因向检察机关要求撤回对该犯罪嫌疑人的提请批准逮捕。[②]

许多学者已经对此问题展开了相关研究和讨论,得出较为一致的看法是:“撤捕”在刑事诉讼法和相关司法解释中均未涉及,是一种“隐形的程序运用”[③]或者是“司法潜规则”[④]。《高检规则》及公安部《公安机关办理刑事案件程序规定》(以下简称《公安规定》)等其他规范性文件中,也没有公安机关可以撤回提请批准逮捕的规定。尽管是彻底的“法外司法”,然而这种实践却普遍存在于公安司法机关的行动

---

① 比如在重庆市沙坪区人民检察院 2009 年起针对未成年人犯罪的批捕改革中,批捕率从 74.83% 降低到现在的 45.75%。数据来源于李昌林:《审查逮捕程序改革的进路——以提高逮捕案件质量为核心》,载《现代法学》2011 年第 1 期。

② 姚志强:《析公安机关撤回提请批准逮捕》,上海金山区检察院门户网站,载 http://www.52921234.com/jsjcy/page3-4.htm,访问时间 2012 年 3 月 16 日。

③ 王永法、曹大波:《撤回提请批准逮捕情况的实证分析》,载《中国刑事法杂志》2011 年第 2 期。

④ 汪海燕:《论刑事程序倒流》,载《法学研究》2008 年第 5 期。

之中。在全国检察机关统一使用的案件管理系统中就有"撤回提请逮捕日期"这一内容。同时2000年11月颁发的《人民检察院诉讼档案管理办法》,在审查批捕部门应当归档的案卷材料中也有"公安机关撤回提请批准逮捕书"一项。[①]

从理论上讲,公安机关撤捕可以基于两个原因:其一是在检察机关审查逮捕的过程中,公安机关产生了新的认识,认为嫌疑人不构成犯罪、证据不足或者没有逮捕的必要;其二是在检察机关审查逮捕过程中,公安机关发现了新的证据,足以认定嫌疑人不构成犯罪、证据不足或者没有逮捕必要。然而,上述原因却在现实中较为少见。实践中的撤捕主要是检察机关通过审查认为嫌疑人不构成犯罪、证据不足或者没有逮捕必要,在作出不予逮捕决定前事先和公安机关沟通,让公安机关撤回提请逮捕。当然,这样的司法实践由于"非法",其官方数据相对缺乏。检察官王永法和曹大波通过实证研究发现,2007年至2009年3年间,蚌埠市公安机关申请撤回提请逮捕的人数占提请逮捕人数的3.2%。[②] 上海金山区人民检察院1998年至2002年受理的撤回提请逮捕的比例为3.48%。[③] 安徽省巢湖市2005年至2009年间撤回提请逮捕的比例为2.84%。[④]

(四)检察机关督促撤案

督促撤案是指检察机关对公安机关不应当立案而立案的情况进行立案监督。在实践中,"不应当立案"的案件主要有越权管辖和将经

① 参见于书峰、刘金林:《撤回提请批准逮捕程序须规范》,载2007年9月17日《检察日报》。

② 参见王永法、曹大波:《撤回提请批准逮捕情况的实证分析》,载《中国刑事法杂志》2011年第2期。

③ 根据数据统计而得。参见姚志强:《析公安机关撤回提请批准逮捕》,上海金山区检察院,http://www.52921234.com/jsjcy/page3-4.htm,访问时间2012年3月16日。

④ 参见巢湖日报:《当好公平正义的守护神》,载《巢湖日报》2009年12月1日第3版。

济纠纷刑事化。如果从制度属性来看，督促撤案实际上是检察机关立案监督制度的有机组成部分。立案监督包含两个方面的内容：应当立案而不立案和不当立案而立案。严格而言，现行的《刑事诉讼法》并未规定后者。督促撤案的设定来源于原《高检规则》第378条（2012年出台的新《高检规则》第558条保留了这一制度设计）。原最高人民检察院检察长贾春旺同志在2008年所作的工作报告，就对督促撤案的原因作了如下描述："对违法动用刑事手段插手民事经济纠纷等不应当立案而立案的，督促侦查机关撤案。"可见，其具有案件过滤的功能。新刑诉法修订之前，部分地方的实践中还出现了通过地方立法确保检察机关立案监督权的实现，比如河北省人大常委会2011年出台的《关于加强人民检察院法律监督工作的决议》。[1]

需要指出的是，虽然督促撤案一直是地方检察机关工作的一个重要方面[2]，但从总量看，督促撤案的数量并不足以令人印象深刻。究其原因主要有两个方面：其一，刑事立案主体不执行检察机关发出的监督指令的情形，刑事立案监督"软弱无力"[3]，"立案监督缺乏足够的权威性和独立性，缺乏科学的运行机制和强制性的约束手段。"[4]其二，立案监督缺乏明确的法律规定，使得检察机关在运用时也明显"底气不足"[5]。具体来看，1999年出台的《高检规则》第378条仅规定："对

---

① 相似的地方规定还有重庆市人民代表大会常务委员会《关于加强检察机关法律监督工作的决定》（2011年7月29日）。

② 参见张仁平：《刑事立案监督不愁"无米之炊"》，载2010年10月23日《检察日报》；刘德安、尚秀俊：《前9月立案监督14案33人》，载2010年10月12日《检察日报》。

③ 周洪波、单民：《关于刑事立案监督的几个问题》，载《人民检察》2004年第4期。

④ 赵景川、宗森：《论立案监督的制度保障》，载《河南公安高等专科学校学报》2003年第4期；俞静尧：《刑事立案检察监督的现状分析与制度完善》，载《人民检察》2005年第7期。

⑤ 王成：《立案监督立法尚需完善》，载《法制日报》2001年8月4日第7版。

于公安机关不应当立案而立案侦查的，人民检察院应当向公安机关提出纠正违法意见。”最高检 2000 年 1 月发布的《人民检察院立案监督工作问题解答》，进一步重申了《高检规则》的规定，并强调“在办理此类案件时，要从严掌握”。然而，其间仍未明确检察机关有督促公安机关“撤销立案”的权力。其后，各地检察机关均在立案监督方面进行了一系列的改革，出现了“汉阳模式”和“湖北模式”。[①] 然而，上述两种模式均未大范围铺开。检察机关督促撤案的权力，直到 2008 年前后才在某种程度上得以确立。2008 年中央政法委发布的《关于深化司法体制和工作机制若干问题的意见》中指出：“加强立案监督：完善检察机关对侦查机关违反规定不应当立案而立案和应当立案而不立案的监督机制，确保侦查权的正确行使。”[②]此时，“督促撤案”才真正被认可。根据官方公布的数据，督促撤案的数字呈上升趋势。2003 年到 2007 年 5 年间，督促撤案 18 266 件，年均 3 653 件，而 2008 年至 2009 年两年间，这个数字就上升为 13 516 件，年均 6 758 件。在中央政法委的介入下，撤销立案工作的推进变得水到渠成。2010 年 7 月，公安部和最高检联合发布的《关于刑事立案监督有关问题的规定（试行）》[③]，更是使撤销立案不再是检察机关的“一厢情愿”[④]，公安机关开始以更加积极的态度来应对检察机关的撤案通知书。根据最高检的工作报

① 参见徐国华：《侦查监督的创新举措——湖北省检察机关建立刑事立案与侦查活动监督调查机制的经验》，载《人民检察》2007 年第 1 期。

② 事实上，关于检察机关是否应该享有“督促撤案”的权力，在中央政法委起草《关于深化司法体制和工作机制若干问题的意见》曾存在不小的争议，有部分人员认为此权力“不宜写入”。但 2000 年后就普遍存在“督促撤案”的既存事实，使中央政法委最终还是认可了检察机关具备此种权力。相关问题可参见刘福谦：《〈关于刑事立案监督有关问题的规定（试行）〉之理解与适用》，载《人民检察》2010 年第 17 期。

③ 其第 8 条规定：人民检察院经调查核实，认为公安机关不立案或者立案理由不成立的，经检察长或者检察委员会决定，应当通知公安机关立案或者撤销案件。

④ 钟学城：《该不该立案不单是司法问题》，载 2010 年 10 月 4 日《南方都市报》。

告显示,2010 年,督促撤案的数量有了明显提升,达到 10 702 件,2011 年进一步上升为 11 867 件。[①]

二、审查起诉阶段的案件过滤

(一)检察机关不予起诉

所谓的审查起诉,是指检察机关对于公安等侦查机关侦查终结后移送审查起诉的案件,以及自侦终结后移送起诉的案件进行审查,从而决定是否向人民法院提起公诉的过程。其目的是为了正确行使国家的追诉权,防止无罪的人受到不应有的刑事审判。我国现有的不起诉制度可以划分为三种类型:法定不起诉、酌定不起诉和疑罪不起诉。2012 年《刑事诉讼法》修订之后,增加了针对未成年人的"附条件不起诉"制度(《刑事诉讼法》第 271—273 条),它是指对符合特定条件的未成年犯罪嫌疑人暂时不提起公诉,在考验期内未发现漏罪或犯新罪,则正式作出不起诉的决定。这也将成为检察机关案件过滤的重要工具之一。

"法定不起诉",又称为"绝对不诉",是指经过审查,认为嫌疑人不构成犯罪的情形时,检察机关应当作出的不予起诉的决定(《刑事诉讼法》第 173 条第 1 款);"酌定不起诉",又称"相对不诉",是指经过审查,认为嫌疑人构成犯罪,但罪行轻微可以免除刑事处罚时根据具体情况自主作出的不予起诉的决定(《刑事诉讼法》第 173 条第 2 款);"存疑不起诉",则是指在审查起诉过程中,在检察机关依法要求侦查机关补充证据之后仍然证据不足,则应当作出不予起诉的决定(《刑事诉讼法》第 171 条第 4 款)。虽然,根据《高检规则》第 405 条规定,人民检察院根据《刑事诉讼法》第 171 条第 4 款规定决定不起诉的,在发现新的证据,符合起诉条件的,可以提起公诉,但是通常情况下"存疑不诉"也意味着案件的终结。因为"存疑不诉"的适用前提是补充证

---

① 数据来源:2011 年、2012 年《最高人民检察院工作报告》。

据之后仍然不足,因此退回公安机关之后,公安机关一般不会再次向检察机关提起公诉。根据相关统计,2003 年至 2011 年间,侦查机关共移送审查起诉 8 943 294 人,其中不予起诉的 245 718 人,不予起诉率大致为 2.75%。[①]

(二)公安撤回移送起诉

公诉阶段公安机关撤回案件(以下简称撤回审查起诉),是指公安机关将侦查终结的刑事案件移送公诉机关审查起诉后,基于一定的原因将此案件撤回的司法实践。撤回移送起诉的原因既有可能是因为检察机关的建议,也可能是公安机关主动为之。公安机关主动要求撤回审查起诉时,检察机关通常会批准,此后这些案件往往以撤案终结;检察机关建议公安机关撤回案件时,通常都会伴随着“撤案建议”,而公安机关也通常会接受对此类案件进行撤案处理。[②] 可见,撤回审查起诉无疑具有案件过滤的功能。《刑事诉讼法》中并没有规定撤回移送起诉制度,该制度由原《高检规则》第 262 条规定,即当检察机关发现“犯罪嫌疑人没有违法犯罪行为”或“犯罪事实并非犯罪嫌疑人所为”时,不是径直作出不起诉的决定,而是由公安机关撤回。与公安机关“撤捕”类似,该规则的目的是在控制不诉率的同时实现案件过滤。

依照此规定,只有在“嫌疑人没有犯罪行为”和“犯罪事实并非嫌疑人所为”时,才可以撤回审查起诉。然而,实际的情况却是撤回审查起诉成为当前司法实践中侦查机关和检察机关欣然接受的“潜规则”,其适用的范围也远超出最高检最初的预设。根据我国《刑事诉讼法》的相关规定,对存疑的案件应该在补充侦查之后作出起诉和不起诉的决定。除此之外,没有其他可供选择的方式。然而,在实践中,公诉机

---

① 2003 年 1 月至 2006 年 5 月数据来源于 2007 年《中国法律年鉴》,其后 3 年数据根据 2008 年、2009 年和 2010 年的《中国法律年鉴》整理,数据中不包含检察机关自侦的案件。2010 年和 2011 年的数据来源于 2011 年、2012 年的《最高人民检察院工作报告》。

② 参见郝双梅:《刑事撤案若干问题研究》,载《天津法学》2011 年第 2 期。

关却通过“建议公安机关撤回案件”的方式,将此类案件在侦查机关和公诉机关之间内部消化了。公安机关撤回案件是检察机关规避适用不予起诉制度的一个重要工具。检察官王立德和李旺城通过实证调查后发现,2002 年至 2004 年期间,仅有 14.2% 的撤回案件是基于“嫌疑人不构成犯罪”的原因[①],其余均是在“疑罪”时检察机关建议公安机关撤回移送起诉。尽管如此,检察机关对不符合起诉标准的案件和依法不应追究刑事责任的案件建议公安机关撤回,被普遍认为是坚持案件起诉标准,确保案件质量的正当做法。[②] 除了适用范围被扩大之外,在部分地区,撤回移送起诉适用的程度还远超不予起诉的比例。学者左卫民等人对四川省内四地检察机关 2001 年至 2005 年的公诉案件进行调查后发现,建议公安机关撤回起诉平均比率为 8.52%,与之对应的是不予起诉的比率大致仅为 1.38%。[③] 安徽省巢湖市 2005 至 2009 年撤回起诉的比率为 4.55%,不予起诉为 3.45%。[④] 北京市顺义区 2002 年至 2004 年间,撤回起诉率为 5.18%,不予起诉率为 0.15%。[⑤]

需要特别指出的是,新《高检规则》第 401 条已经明确规定,发现“犯罪嫌疑人没有违法犯罪行为”或“犯罪事实并非犯罪嫌疑人所为”时,必须直接作出不起诉的决定。可见,在新的刑事诉讼框架中,撤回

---

① 参见王立德、李旺城:《透视“撤案”程序危机 提高法律监督能力——对顺义区近三年公诉阶段公安机关撤回案件的实证研究》,载《中国检察官》2006 年第 2 期。

② 参见王立德、李旺城:《透视“撤案”程序危机 提高法律监督能力——对顺义区近三年公诉阶段公安机关撤回案件的实证研究》,载《中国检察官》2006 年第 2 期。

③ 参见左卫民等:《中国刑事诉讼运行机制实证研究》,法律出版社 2007 年版,第 218 页,根据文章中提供的数据重新计算所得。

④ 参见巢湖日报记者:《当好公平正义的守护神》,载《巢湖日报》2009 年 12 月 1 日第 3 版。

⑤ 参见王立德、李旺城:《透视“撤案”程序危机 提高法律监督能力——对顺义区近三年公诉阶段公安机关撤回案件的实证研究》,载《中国检察官》2006 年第 2 期,根据文章中提供的数据重新整理计算。

移送起诉的案件过滤功能被检察机关“不予起诉”所吸收合并。但立法与实践总有一定的差距，撤回移送起诉的实践究竟命运如何，仍有待进一步观察。

三、审判阶段的案件过滤

（一）检察机关撤回公诉

在案件提起公诉到判决正式作出之前，检察机关仍可通过撤回公诉的形式进行案件过滤。所谓的撤回公诉是指检察机关提起公诉以后，在法院作出第一审判决之前，由于发现存在某项特殊事由，检察机关依照法律规定的要求，将已提起的公诉予以撤回，从而终结刑事诉讼进程的诉讼制度。[①] “被告人接受以撤诉的方式处理，主要是因为……检察官撤诉，即意味着不起诉或者侦查机关撤案，也就是意味着被告人不用继续承受关押之苦，意味着事情就此了结。”[②]1996 年的《刑事诉讼法》事实上取消了撤回公诉的规定。但是在随后两高的司法解释都重新规定了该制度[③]，新《高检规则》仍然保留了这一制度设计（第 459 条）。

当然，根据最高法和最高检最初的规定，撤回公诉仅能适用于 3 种情形：不存在犯罪事实；犯罪事实并非被告人所为；不应当追究被告人刑事责任。然而，与撤回移送起诉的实践相似的是，此种撤回起诉的使用范围也超出了最初的预设，因此也逐渐演变为一种“法外司法”。有检察官表示，检察机关撤回公诉绝大多数是基于事实和证据

---

① 参见王贞会：《检察机关撤回公诉制度》，载《国家检察官学院学报》2010 年第 4 期。

② 肖仕卫：《刑事判决是如何形成的——以 S 省 C 区法院实践为中心的考察》，中国检察出版社 2009 年版，第 128 页。

③ 参见最高人民法院《关于执行〈中华人民共和国刑事诉讼法〉若干问题的解释》第 157、177 条，原《高检规则》第 349、351、353 条。

方面的原因，担心法院以证据不足作出无罪判决。[①] 这一点得到了相关实证研究的验证。陈学权通过实证研究发现，检察机关撤回公诉的案件，绝大多数是因为证据和事实的问题。[②]

在实践中，撤回公诉的比例一度较高。从 2006 年开始，最高人民检察院开始建立办案质量预警机制及办理公诉案件考评机制。其后，2007 年 2 月 2 日出台《关于公诉案件撤回起诉若干问题的指导意见》，标志着最高人民检察院开始尝试控制撤回公诉的比率。因此，全国范围内检察机关撤回公诉的比例呈下降趋势。来自《中国法律年鉴》的数据显示，2009 年，全国公诉案件撤回公诉的比率为 0.21%；2010 年，该比率下降至 0.13%；2011 年进一步下降至 0.09%。地方数据同样反映了撤回公诉适用比例的降低。云南省检察机关的撤回起诉率在 2009 年下降为 0.11%[③]；河南省 2002 年检察系统撤回起诉的比率为 2.2%，在 2008 年，这个比率下降为 0.6%[④]；广州市某检察院 2006 年撤诉率为 0.65%，2007 年为 0.18%。[⑤]

（二）法院宣判无罪

如果在人民法院宣告判决之前，人民检察院并没有申请撤回公诉

---

① 参见广州市人民检察院课题组：《关于撤诉案件和无罪判决案件的调查报告》，载《中国刑事法杂志》2003 年第 5 期。

② 陈学权于 2009 年 10 月 6 日在北大法意数据库（http://www.lawyee.net）之“法院案例”库中检索判决日期为 2004 年 9 月 1 日至 2009 年 9 月 30 日的刑事裁判文书，收集到法院准予撤回公诉的裁定书 23 份，结果发现有 21 起案件因为“事实和证据发生变化”而撤诉，另外 2 起案件分别因为“发现新的犯罪事实”和“管辖错误”而撤诉。参见陈学权：《对“以撤回公诉代替无罪判决”的忧与思》，载《中国刑事法杂志》2010 年第 1 期。

③ 参见雷晴：《检察院预警、考评机制显成效 云南检方去年公诉案几无错》，载 2010 年 4 月 20 日《昆明日报》。

④ 参见李向华：《全省检察工作会议昨日召开刑事案件撤回起诉率明显降低》，载 2008 年 1 月 14 日《河南法制报》。

⑤ 参见朱凤翔、许冬生：《刑事公诉案件撤回起诉的实证分析与制度完善》，载《人民检察》2009 年第 7 期。

的话，案件会进入一审刑事诉讼的最后环节——宣判。根据《刑事诉讼法》第195条的规定："在被告人最后陈述后，审判长宣布休庭，合议庭进行评议，根据已经查明的事实、证据和有关的法律规定，分别作出以下判决：（一）案件事实清楚，证据确实、充分，依据法律认定被告人有罪的，应当作出有罪判决；（二）依据法律认定被告人无罪的，应当作出无罪判决；（三）证据不足，不能认定被告人有罪的，应当作出证据不足、指控的犯罪不能成立的无罪判决。"此时，人民法院可以因为"证据不足"或者"不构成犯罪"而判处嫌疑人无罪。然而，必须承认，这种情况并不多见。根据相关的统计，1996年至2006年10年间，人民法院共判处无罪案件41 038人，占被判决人数的0.66%。[①] 有趣的是，在各界看来极低的无罪判决率，实际上还远高于公诉案件的真实无罪判决率。因为在法院统计的无罪判决中，绝大多数是不经过公诉机关而直接在人民法院起诉的自诉案件。我国自诉案件的无罪判决人数，占刑事生效判决中无罪判决人数的比率是非常高的。根据不同阶段的最高人民检察院工作报告揭示，2002年公诉案件的无罪比率为0.18%，占该年度无罪判决总数的25.71%。2006年公诉案件的无罪比率为0.05%，占该年度无罪判决总数的26.31%。2007年公诉案件的无罪比率为0.03%，占该年度无罪判决总数的20%。也就是说，公诉案件的无罪判决大致仅占到法院宣判无罪总数的20%至25%。

四、准案件过滤

前文已经描述了在我国刑事诉讼的司法实践中存在着各种案件过滤的实践，它们既包括正式制度规定的不予逮捕、督促撤案、不予起诉和宣判无罪，也包括"法外司法"的撤回提请逮捕、撤回移送起诉和撤回公诉。这些制度的共同作用都是将部分刑事案件排除在刑事诉讼之外，从而实现"程序性出罪"。然而，在我国的实践中，还存在着这

① 参见南方日报：《9年4万多人获判无罪》，载2006年11月9日《南方日报》。

样的实践,虽然它们并没有从根本上将刑事案件排除在刑事诉讼之外,但却部分地使刑事案件暂时性地中止或者嫌疑人免予被处罚。笔者将在接下来的分析中证实,这类"疑罪从挂"和"疑罪从轻"的运作,在中国特定的刑事诉讼语境下,也部分地具备了案件过滤的功能。

(一)取保候审——"疑罪从挂"

关于法律目的和功能的区别,法社会学家科特威尔曾明确指出:"论及法律的作用,可能根本就与其当初得以颁布的原始目的不相一致。"[①]如果从法律预期设置的目的来看,取保候审无论如何都不会与案件过滤扯上关联。然而在实践中,取保候审却具备很强的案件过滤的功能。借用学者黄宗智的话来说就是:"在中国法律是一回事,实践是一回事,两者结合又是另一回事"[②]。现阶段关于取保候审的研究较为丰富,学界得出较为统一的观点是:原来仅具有程序功能的取保候审在实践中被实体化了。[③]

从字面的含义来看,取保候审中的"候审"有"等候审理"之义,此二字点明了该制度的重要使命——保障诉讼顺利进行和侦查保障。这意味着取保候审一方面应具有防止嫌疑人、被告人逃避或者妨碍侦查、起诉和审判,保障诉讼程序顺利进行的功能;另一方面还要承担着为侦查机关在证据不足时补充侦查提供便利的功能。[④] 然而在实践中,取保候审后被移送审查起诉的比例相当有限。学者唐亮在对中南地区某省中等城市侦查机关2001年取保候审情况进行实证调查后发

---

① 〔英〕罗杰·科特威尔:《法律社会学导论》,潘大松等译,华夏出版社1989年版,第79—80页。转引自左卫民等:《中国刑事诉讼运行机制实证研究》,《法律出版社》2007年版,第130页。

② 黄宗智:《过去和现在:中国民事法律实践的探索》,法律出版社2009年版,导言。

③ 参见褚福民:《取保候审的实体化》,载《政法论坛》2008年第2期。

④ 比如羁押期限届满而检察机关不予批准逮捕,未能在一、二审期限内办结却仍需继续侦查的案件,可以采取取保候审。参见《刑事诉讼法》第65、89、96和165条。

现,取保候审后被移送审查起诉的仅占总数的 5.21%(107/2053)。[①] 学者左卫民在对 S 省经济发展水平落后、中等和发达的三地侦查机关的取保候审情况实证考察后发现,取保候审后移送审查起诉不到总数的 20%。[②] 与较低起诉率形成鲜明对比的是较高的不予处理比率,学者唐亮在对中南地区某省中等城市某区公诉机关 2001 年取保候审情况进行实证调查后发现,取保候审后不予处理的大致占到取保候审总数的 40%。[③] 从这些数据中我们无法得出取保候审"候审"功能显著的结论,却更有可能形成取保候审是"疑罪从挂"的认识。同时,侦查机关在取保候审后往往采取不再对犯罪嫌疑人进行询问和其他侦查活动,不再追究其刑事责任的行为。因此,取保候审中保障补充侦查的功能,实际上也没有得到发挥。可见,取保候审的话语功能和实践功能严重背道而驰,它的主要功能被异化为案件消化。[④]

具体而言,取保候审终结后可能出现两种情况,一是继续追诉,也就是前文提到的提起公诉;另一种则是经过较长一段时间后终结诉讼,比如解除取保候审、治安处罚等。根据学者左卫民的实证考察,取保候审最终转换为终结诉讼结果的,大致占到总数的 70% 以上。[⑤] 可见,在实践中被采取取保候审的刑事案件中的绝大部分都最终以各种

---

① 参见唐亮:《未决羁押报告》,载陈瑞华主编:《未决羁押制度的实证分析》,北京大学出版社 2004 年版,第 167—174 页。转引自左卫民等:《中国刑事诉讼运行机制实证研究》,法律出版社 2007 年版,第 129 页。

② 参见左卫民等:《中国刑事诉讼运行机制实证研究》,法律出版社 2007 年版,第 131 页。

③ 参见唐亮:《中国审前羁押的实证分析》,载《法学》2001 年第 7 期。

④ 参见左卫民等:《中国刑事诉讼运行机制实证研究》,法律出版社 2007 年版,第 131 页。当然,取保候审在实践中还发挥着其他的功能,比如"缓刑的预演功能",也就是说,被取保候审中的许多人都可能被判处缓刑,换言之,能否判处缓刑,成为是否使用取保候审的关键。具体内容可参见褚福民:《取保候审的实体化》,载《政法论坛》2008 年第 2 期;刘兴军:《取保候审判处缓刑案件实证调研报告》,载《中国刑事法杂志》2011 年第 4 期。

⑤ 参见左卫民等:《中国刑事诉讼运行机制实证研究》,法律出版社 2007 年版,第 137 页。

形式被“消化”了，故而，取保候审在实践中被异化为一种准案件过滤机制，它往往只是使刑事诉讼“中止”，而非“终止”，嫌疑人的未来处于不确定状态。对此，学者曹国华也有相似的评论：“对于有罪证据不足且已采取逮捕措施，但无法追诉成功的案件，作为一种缓冲性措施，把逮捕变更成取保候审、监视居住，是终结案件的一条出路。”[①]

（二）留有余地的判决——“疑罪从轻”

“留有余地的判决”是一个中国式的概念。虽然根据原最高人民法院院长肖扬的讲话，“留有余地的判决”并未局限于死刑案件，但是它在司法实践中却首先是因为法院系统对一系列死刑案件“留有余地”而名声大噪。根据最高人民法院的意见：“如果定罪的关键证据存在疑问，不能排除合理怀疑的，应当作出证据不足、指控的犯罪不能成立的无罪判决；如果定罪证据达到了确实、充分的裁判标准，但影响量刑的事实、证据存在疑问的，则应当留有余地，尤其是死刑案件，必须做到杀者不疑，疑者不杀。”[②]从理论上分析，最高人民法院的意见并无不妥。因为它将案件证据区分为定罪证据和量刑证据，并认为在定罪证据充足，但量刑证据存在问题时“应当留有余地”。言下之意是，如果“定罪证据”不足的话，法院就当然应该采取“疑罪从无”的原则宣告无罪。

然而，必须指出的是，此种理论在现实的司法实践中被大大扭曲了。目前公安、检察、法院三家的关系更多是配合而非制约，“疑案”一旦侦破，破案有功人员往往会立功受奖，检察机关起诉后，法院如果以证据不足为由作出无罪判决，按照目前的错案追究制和国家赔偿制度，公安、检察机关的具体办案人员势必骑虎难下，面临个人责任，他们往往通过各种方式，阻挠无罪判决的形成，案件的主办法官在这种

---

① 曹国华：《逮捕适用中存在的问题及改革完善对策》，载《人民检察》2008年第22期。

② 吴兢：《死刑案件须做到杀者不疑、疑者不杀》，载2007年6月9日《人民日报》。

情势下,为减少压力,往往也会有意将刑事疑案作留有余地,判处死缓或其他。[①] 可见,“留有余地判决”的实际应用范围,已经大大超出了制度设定的原意,朝着“定罪证据不足”(而非“量刑证据”不足)的案件发展。更重要的是,“留有余地”的策略性判决,已经成为法院准案件过滤的重要内容,其核心就在于使犯罪嫌疑人免受“牢狱之灾”,现阶段这种策略包含但不仅限于以下几种情况:(1) 免除刑事处罚,即确认当事人触犯刑律,但是免除刑事处罚;(2) 宣判缓刑,即确认当事人触犯刑律,但是判处缓刑;(3) 羁刑相抵,即确认当事人触犯刑律,但是判处的刑期和羁押时间相同,换言之,被告人可以当庭释放;(4) 改变罪名,即将重罪改为轻罪从而从轻处罚。

这样的处理无疑是法院在现有的体制下最为有效的能够摆平多方当事人利益的策略。[②] 如果严格依照“疑罪从无”,这些案件中很多都是达不到定罪标准的,然而法院在现有的制度环境中,往往只能最大限度地发挥策略,从而使得整个判决留有很大的余地。

首先,这种无罪化处理的机制能够使得绝大多数犯罪嫌疑人感到满意。正如许多法官在访谈时提到的那样,法院判决被告人免予刑事处罚、缓刑或者刑期与羁押时间相抵,许多被告人不但当庭表示接受判决,而且还会对法院和法官表示感谢,原因是“缓刑就相当于没有判”“看守所条件太差,被告人害怕回去”“关了很长一段时间,现在终于判决了,解决了一个长期的心理负担”。[③]

其次,有罪判决也能够使得公安、检察机关满意,毕竟宣告有罪就意味着他们的工作没有白费,没有产生“错案”,并且更为重要的是,法院通过“两可”案件的有罪判决,换来的是法院在量刑方面的主动权,换来的是检察机关对法院无罪化处理的“默许”,“检察官对量刑有抗

---

① 参见王新清、李征:《论留有余地判处死缓案件——兼论判决结果的相对合理性》,载《中国刑事法杂志》2006 年第 2 期。

② 参见肖仕卫:《刑事判决形成的实践/制度逻辑:以某基层法院无罪辩护案件为起点的调查与分析》,四川大学 2005 年硕士学位论文。

③ 同上注。

诉权,量刑时会考虑他们的接受程度,若法院认为案件分歧大,但最后还是定罪的,量刑会与检察官适当沟通”①。正如学者陈瑞华总结的那样:“这样做既不会得罪公安机关和检察机关,也不会在法院内部层层报批的行政审批中陷入麻烦的境地,更不会因为‘错杀’而遭受职业上的风险。对于大部分刑事法官而言,这的确属于一个理性人所能想象出来的‘最合理选择方案’。”②

总的来说,此种留有余地的判决,实际上使被告人避免了牢狱之灾,虽然从名义上并非无罪判决,但在实质上部分地具备了案件过滤的功能。

五、小　　结

如果从案件处理的流程来看,我们大致可以将中国刑事诉讼的案件过滤制度进行如下归纳。

首先,在公安机关的案件侦查过程中,65%的刑事立案被案件过滤。同时,在侦查过程中,检察机关还会以不予逮捕的方式,将最多7%的公安机关移送逮捕的案件予以过滤。与之对应的是还有部分申请逮捕的案件在检察机关作出决定之前就被公安机关撤回。

其后,在审查起诉阶段,2.75%的案件被不予起诉,同时,还会有部分案件在检察机关作出是否起诉决定之前就被公安机关撤回。

最后,刑事案件将会进入审判阶段,在这个阶段中,法院宣判无罪的案件比例大致只有0.03%。同样,在法院作出无罪判决之前,会有不到0.1%的案件被检察机关撤回。上述过滤比率之和远低于第二章中将会论及的美国刑事诉讼的案件过滤机制。

---

①　访谈编号:SCGFL-1。

②　陈瑞华:《留有余地的判决——一种值得反思的司法裁判方式》,载《法学论坛》2010年第4期。

第二章　美国刑事诉讼的案件过滤机制①

一、提起指控前的案件过滤(pre-charge case screening)

(一)警察局不将案件移交检察官办公室

美国州刑事案件的侦查工作通常由州警察部门进行。联邦犯罪的侦查职能实际上被多机构分享,其中主要有联邦调查局、毒品管理局、移民和海关总署以及烟酒枪械管理局。当然,在很少的情况下,州警察部门也会负责一些联邦犯罪的侦查工作。当警察根据个人观察、受害人举报或者线人提供的线索相信犯罪已经实施或者正在实施,刑事侦查活动就会开始。虽然美国的警察系统没有很严格的刑事立案程序,但是却有与中国刑事立案相似的接警记录。通过侦查,如果警察得出的结论有合理根据,相信嫌疑人实施了某种犯罪,犯罪嫌疑人可能会被逮捕。在美国,逮捕分为有证逮捕和无证逮捕两类。有证逮捕是指法官根据控告或者侦查人员提交的、经宣誓的申请书,经审查

---

① 美国和中国刑法关于犯罪的定义有很大不同,美国的刑法将犯罪区分为重罪(felony)、轻罪(misdemeanor)和轻微罪(petty offense)三种,其中所谓的重罪与我国刑法中的重罪有本质区别。美国的重罪分为5个等级,对第5等的重罪只能处以1年以上5年以下的有期徒刑;轻罪分为3个等级,对第3等的轻罪只能处以5天以上30天以下的有期徒刑。可见,美国的轻罪和轻微罪在我国多数情况下都会以治安处罚结案。因此,在本书的语境中,如无特别说明,对于美国犯罪的描述仅包含重罪案件,因为其与我国"犯罪"的范围在较大程度上重合。对于案件过滤机制的描述也只限重罪案件的案件过滤。关于美国犯罪等级划分的详细内容,可参见 Steven K. Smith and Mark Motivans, *Compendium of Federal Justice Statistics, 2004*, Washington: USGPO, 2006。此外,由于美国联邦刑事诉讼案件在全美刑事案件所占比例十分有限,因此笔者在论述美国刑事诉讼案件的案件过滤比率时,仅统计州刑事案件的情况。

而签发逮捕令，由侦查部门执行逮捕。无证逮捕则是在情况紧急时允许执法人员现行逮捕，事后补办逮捕申请，这多少有点“先斩后奏”的意味。在美国司法实践中，警察可以对正在作案、企图作案或者作案刚结束的重罪犯进行无证逮捕。[①] 根据统计，在绝大多数时候，美国警察的逮捕是无证逮捕，因此当案件被移送至检察官办公室时，嫌疑人往往已经被逮捕。

逮捕与否，虽然从程序上说是判定是否具有逮捕的必要，但是对于美国的绝大多数刑事案件而言，逮捕会使得一个刑事案件“正式进入诉讼程序”[②]。因此，美国司法部司法数据局（BJS）的许多统计都是建立在逮捕之后的“捕后比率”（rates after arrests）的基础之上。如果证据不足或者最终证明是嫌疑人并没有触犯刑律的话，警察会直接将其释放。如果警察机关侦查终结后认为嫌疑人已经构成州犯罪，则会将案件连同告发书（complaint）一同移送至州检察官办公室（District Attorney）。[③] 告发书/控告书是说明犯罪事实的书面陈述，可以是指控、报案或者检举。它通常是由被害人或者获取信息的警员向联邦治安法官或法律规定的其他适当官员提出。[④] 如果侦查部门认为嫌疑人已经触犯了联邦刑法典，便会将刑事案件移送至联邦检察官（U. S. Attorney）办公室。[⑤] 一般而言，以逮捕结案的案件大致只占到警察侦查和接触案件的10% ~15%。换言之，在侦查阶段，就有绝大多数案件被过滤了。

---

① 参见卞建林：《美国联邦刑事诉讼规则和证据规则》，中国政法大学出版社1998年版，第8页。

② 〔美〕爱伦·豪切斯泰勒·斯黛丽、南希·弗兰克：《美国刑事法院诉讼程序》，陈卫东、徐美君译，中国人民大学出版社2002年版，第45页。

③ 在美国警察部门和检察官办公室，并不存在严格的一一对应关系，通常而言，每个检察官办公室都要受理来自一个以上警察部门提交的刑事案件。

④ 参见卞建林：《美国联邦刑事诉讼规则和证据规则》，中国政法大学出版社1998年版，第7页。

⑤ 美国全境设立了11个司法巡回区联邦检察官办事处和94个联邦检察官办事处，每一个办事处的首长称为联邦检察总长（司法部部长兼任）和联邦检察官。

当然,并非所有被逮捕的嫌疑人都会被移送检察官办公室。有些时候,如果"值班警官"认为警察缺乏足够证据来证明逮捕的合理性,或者认为犯罪嫌疑人涉及的指控过于微小不值得起诉的话,也会采用一种"内部处理"的方式。比如有一些人斗殴,但未造成严重后果,警察在将其逮捕至警局之后,可能仅仅会对这些人进行适当的训诫,然后便将其释放。也可能是警察对被逮捕者进行询问后,发现该嫌疑人根本没有犯罪,也会将其释放。[①] 总之,在移送检察官办公室之前,有绝大部分的案件被以各种方式案件过滤掉了,比例高达 85% ~90% 。

(二)检察官拒绝受理和转处

当案件被移送至检察官办公室,检察官会进行初步审查。在一些司法辖区,检察官在这个阶段会简单会见被害人或者其他证人。初步审查之后,检察官可能作出两种决定:其一是受理侦查机关移送的刑事案件;其二是拒绝受理(reject/refuse)。那些被拒绝受理的案件,实际上是被案件过滤了。因为如果检察官拒绝受理,便不会再有任何针对犯罪嫌疑人的后续追诉行为。[②] 初步审查的工作通常由检察官办公室内一些专职过滤人员(screener)进行。当警察机关将逮捕的刑事案件移送至检察官办公室时,这类人员会对案件进行简单的审查,并且过滤掉或者拒绝受理其中一些案件。[③] 美国联邦检察官的年度报告就指出,"拒绝受理"的理由主要有"案件证据不足、不是联邦犯罪、基于

---

① 参见〔美〕耳卜尔·卡米萨、韦恩·R. 拉费弗、杰罗尔德·H. 伊斯雷尔:《美国刑事诉讼程序概述》,载《环球法律评论》1980 年第 1 期。

② 参见 B. Boland, et al., *The Prosecution of Felony Arrests, 1986*, Washington: USGPO, 1989。

③ Richman 教授(哥伦比亚大学法学院教授,曾有着长期且丰富的检察官工作经验)在访谈中就指出,一个有经验的 screener,对检察官办公室而言是十分重要的,他能够在较早的阶段就过滤那些不可能被定罪的案件,从而提升诉讼效率。然而令人遗憾的是,现在检察官办公室中负责过滤的人员通常是没有经验的年轻人。

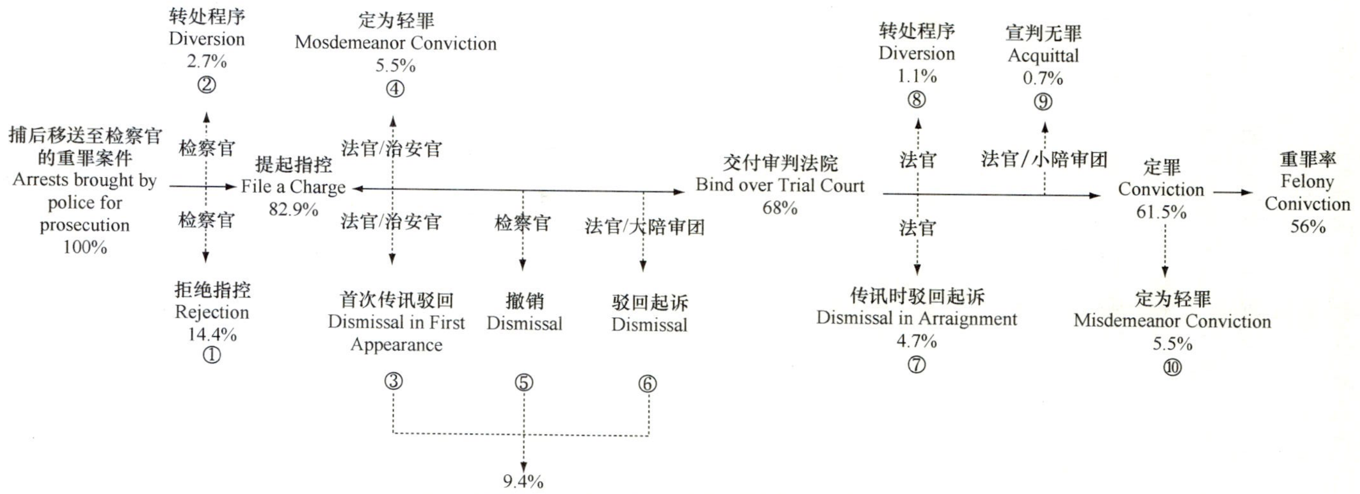

图 3　1998—2006 年美国州刑事重罪案件过滤示意图①

① 说明：(1) 从 20 世纪 90 年代初开始，美国司法部每两年发布一次名为《大型城市中的重罪被告人》的报告（*Felony Defendants in Large Urban Counties*）。根据最新 5 份报告的数据，笔者可以测算出 1998 至 2006 年间美国州刑事重罪案件的过滤分布。(2) 按一般惯例，美国司法部年度统计数据均为延期发布，比如 1998 年的年度报告是在 2002 年发布的，2006 年的年度报告则是在 2010 年发布的，这也是司法部迄今为止发布的最新版本（2008 年年度数据至今尚未公布）。(3) 图中标示的数字是指逮捕后移送的刑事重罪案件在美国州刑事诉讼各阶段的分布情况。(4) 图中实线箭头表示案件被交付到下一个流程，虚线箭头则表示案件被过滤。

检察官办公室的政策等”[①]。图 3 的数据显示，大致有 14.4% 的案件在该环节被拒绝受理（图 3 标号①）。

此外，检察官还会对符合特定条件的案件采取转处程序（diversion）。转处程序通常与暂缓起诉结合使用，从而使被告人免予被起诉的耻辱，并积极回归社会。[②] 如在考察期中嫌疑人没有重新犯罪，检察官便会正式将案件过滤（不起诉）。图 3 数据显示，在检察官提出指控前以转处措施结案的比率大致占到警察移送案件的 2.7%（标号②）。可见，通过“拒绝”和“转处”两种方式，检察官将警察移送案件中的 17.1% 予以过滤。该数据与美国学者斯黛丽等人的研究基本吻合——“无论是地方检察官还是联邦检察官，过滤的比率均不足 20%”[③]。尽管证据的数量和质量在作出指控决定的过程中似乎是最重要的因素，但是其他一些因素，包括组织的、实际的或者人道的考虑均可能影响指控决定的作出。比如，检察官可能选择撤回即使能被证明的重罪指控，以实现对初犯的怜悯。[④]

针对剩余 82.9% 的案件，检察官会向初级法院[⑤]提出指控（file a

---

① Executive Office for United States Attorneys: “United States Attorneys' Annual Statistical Report (2010)”, *Working Paper for U. S. Department of Justice*. 在美国，由于检察官的裁量权很大，不同检察官办公室都会有一定的“内部政策”，此种政策有时不对外公布，仅仅掌握在办公室内部人群手中，这种内部政策会对案件的筛选产生很大的影响，比如关于毒品犯罪构成起诉条件的标准，不同地区的检察官掌握的毒品重量标准就可能很不相同。

② 参见〔美〕爱伦·豪切斯泰勒·斯黛丽、南希·弗兰克：《美国刑事法院诉讼程序》，陈卫东、徐美君译，中国人民大学出版社 2002 年版，第 261 页。

③ 同上书，第 46、50 页。

④ 同上注。

⑤ 美国的州司法体系以其零散和不系统而闻名。它由 50 个州和超过 3000 个独立的县管理，共有几千个独立的审判法庭和起诉机构。从刑事重罪的处理流程看，美国的州法院通常可被划分为 4 个等级：初级法院、一审法院、上诉法院和终审法院。

(1) 初级法院通常是限制管辖权法院（limited jurisdiction trial courts），它没有审理重罪案件（felony cases）的权力，只能审理轻罪（misdemeanor）和轻微罪（petty

charge)。需要特别指出的是,针对警察以重罪名义移送的案件,检察官并不会不加区分地提起重罪指控。有些案件会被控以轻罪。此类案件在初级法院的首次传讯中就可能完成定罪(初级法院仅对轻罪案件有判决权)。图 3 的数据显示,警察移送的重罪案件中有 5.5% 的比率是被以轻罪的名义提起指控的(图 3 标号④)。这在美国的司法统计中被称为"降等"(slippage),它类似于我国刑事诉讼中将刑事案件改立为治安案件。首次传讯后未被过滤的案件会在两周至 1 个月内进行预审或由大陪审团审查。如图 3 显示,其间检察官还会撤销部分已经提出的指控(图 3 标号⑤)。

---

offense)。此外,初级法院通常还是重罪案件首次聆讯(first appearance/initial arrangement)和预审(preliminary hearing)的场所。在名称上,初级法院一般被称做 county court。初级法院的"法官"构成较为多元,它不仅包括传统意义上的法官,还包括治安官(justice of peace)或司法官(magistrate)。

(2) 一审法院(Court of first instance)是普通管辖权法院(general jurisdiction trial courts),它有权审理属于州法院管辖的所有普通刑事案件。一审法院的名称五花八门,比如在阿拉巴马州,一审法院被称为 circuit court;在路易斯安那州,一审法院被称为 district court;而在新泽西州,一审法院被称为 superior court。

(3) (中级)上诉法院(Intermediate appellate court)负责审理针对一审法院判决上诉的案件。上诉法院在美国各州也是体例多元。有些上诉法院对民事和刑事案件均有管辖权;有的州则分为刑事上诉法院和民事上诉法院,比如阿拉巴马州;有的州则直接没有(中级)上诉法院,如哥伦比亚特区和缅因州。

(4) 终审法院(Court of last resort)的体系最为统一,通常是一州的最高法院(Supreme Court)。

(5) 与本书相关的法院主要是初级法院和一审法院。需要特别说明的是,在有些州中不存在两者的区别,也就是说,初级法院和一审法院是合一的,如加利福尼亚州。但绝大多数州都存在初级法院与一审法院的区别。

关于美国州法院系统的详细信息,可以参见美国国家州法院中心(NCSC)网站 http://www.courtstatistics.org/other-pages/state_court_structure_charts.aspx。

二、正式起诉前的案件过滤 (pre-indictment case screening)

(一) 法官/治安法官在初次到庭时过滤案件

如果选择提起指控后,检察官会迅速在警察提交的告发书(complaint)上签名。告发书一经签名,案件则被移交给法院书记官。此时,案件就会被具结(bind over)至下一个环节——初次到庭(first appearance)。由于在初次到庭时可能有部分犯罪嫌疑人会被保释释放。因此检察官通常需要在这个时间段内进行一定的调查。因为如果嫌疑人被释放,可能会极大影响检察官的后续调查,比如影响证人出庭作证等。当然,由于法律规定嫌疑人必须“无必要延迟”(6 至 24 小时)地获得初次出庭的机会(下文会详细论述),因此在此之前检察官通常仅有很少的时间来严格审查案件,这也决定了在初次出庭之前许多检察官甚至连案件都没有详细研究过。因此,即使检察官此时作出了“指控”的决定,此种指控也更多是临时意义的,或者语词意义的,这个阶段的指控与随后将会作出的正式指控(accusatory pleading)有很大的区别。

美国联邦宪法规定,在嫌疑人被逮捕后,必须“无必要延迟地”地得以出现在法庭之上。除周末外,通常是 24 小时之内。这种听证有诸多的名称,比如首次聆讯(initial arrangement)、关于令状的聆讯(arrangement on warrant)、关于告发的聆讯(arrangement on complaint)或者第一次到庭(first appearance)。首次聆讯通常在限制管辖权的初级法院中进行。[①] 审理者可以是法官,也可以是治安官或司法官。在第一次出庭时,法官通常会向重罪嫌疑人宣读他/她被指控的罪行,并且告知嫌疑人可申请预审(preliminary hearing/ preliminary examination)。

---

① 有些州没有设置限制管辖权法院,重罪案件的首次聆讯、预审和一审均由一审法院进行。当然,此类州只占少数比例。

有些州还规定法官必须告知嫌疑人其所享有的各项权利。在美国的刑事诉讼中，嫌疑人被逮捕存在着两种情形——有证逮捕和无证逮捕。大多数情况的逮捕是无证逮捕，因此在首次传讯中，法官需要对逮捕进行“可能性根据裁定”。美国最高法院规定，可能性根据裁定无需举行听证，法官可以依据警察提供的书面材料以非正式程序作出相应的决定。最高法院进一步规定，这种“可能性根据裁定”必须在嫌疑人被无证逮捕之后48小时内进行。[①] 如果法院在首次传讯中认为证据不足以支持逮捕的话，则会驳回对嫌疑人的相应指控。此时，“司法官对‘合理根据’(probable cause)的单方面审查是对被告人是否在‘事实上有罪’的第一道‘司法过滤’(judicial screening)”[②]。如果法官/治安官/司法官认为证据不足以支持指控的话，则会驳回对嫌疑人的指控(图3标号③)。当然，“由于该环节的审查是行政性的(ministerial)，而非对抗性的，因此初级法院法官或治安官几乎不会(seldom)履行对案件的过滤职能”[③]。

(二) 大陪审团不予出示起诉书

逮捕和首次聆讯之后，未被过滤的案件将会接受证据的正式审查。需要特别指出的是，检察官提起指控(file a charge)并不意味着正式起诉。这一点和我国有很大的不同。在美国，如果要将案件正式起诉至法院，检察官需要大陪审团起诉书(indictment)或者经过初审法院批准的检察官起诉书(information)。否则，审判法院不会受理刑事案件。正因为如此，大陪审团审查和预审法院听证就具有很强的案件过滤功能。它们可以将部分案件在正式移送审判法院之前予以过滤。根据美国联邦和各州《宪法》的规定，除非嫌疑人主动放弃，所有重罪

---

① 参见 Gerstein v. Pugh 1975。

② Peter Arenella, Jury and the State Preliminary Hearing to Prevent Conviction without Adjudication, *7 Nat'l J. Crim. Def.* 299 (1981).

③ J. Garber, *Screening of Criminal Cases and Recommendations*, Washington: USGPO, 1973, p.54.

案件都要经过预审听证或者大陪审团审查。

虽然《联邦宪法》规定,所有刑事案件起诉均要经过大陪审团审查。然而,该规定并非普遍适用于美国各州。[①] 据统计,现阶段仅有4个州强制要求对所有犯罪的起诉必须获得大陪审团的授权,有大致15个州要求所有的重罪案件必须获得大陪审团的起诉书,在其余的州中,大陪审团的起诉书只是一种选择(optional)[②],检察官既可选择通过大陪审团获得起诉授权,也可以通过预审听证的方式获得起诉授权。如果检察官决定将案件提交给大陪审团审查,他会将案件移交给大陪审团并提出申请公诉书(bill of indictment),由大陪审决定是否应对嫌疑人提起诉讼。如果大陪审团经过审查认为有足够的证据支持指控,并应将犯罪人交付审判,即在申请公诉书上签署“准予起诉”(true bill)的字样来批准起诉,否则即签署“不予起诉”(no true bill/not a true bill/not found),案件也因此会被过滤(图3标号⑥)。

大陪审团审查的重要性取决于司法辖区的具体类型。大陪审团起诉司法辖区(indictment jurisdiction),是指检察官必须获得大陪审团的起诉书方能正式提起刑事指控的辖区,采取这种实践的州大致为4个(4个所有犯罪都需要大陪审团审查的州)。普通起诉司法辖区(information jurisdiction)则是指大陪审团起诉书并非必须,检察官也可依据被预审法院批准的检察官起诉书向审判法院正式起诉的司法辖区。在大陪审团起诉司法管辖区中预审听证的作用远没有大陪审团审查来得重要。因为预审法官得出的结论很可能被大陪审团推翻。因此,包括联邦司法系统在内的一些司法辖区都规定,如果检察官在预审听证之前已获得大陪审团的起诉决定,法院无须再进行预审听证。总的来说,通过大陪审团的审核,将部分刑事案件排除在刑事追诉之外是美国刑事诉讼中案件过滤的重要实践。然而,由于诸多方面的原因,大陪审团案件过滤职能非常微弱,它们被批评为检察官的“橡皮图章”

---

① 参见 Hurtado v. California(1884)。

② 参见 Steven R. Schlesinger and Marianne W. Zawitz, *Report to the Nation on Crime and Justice*, Washington: USGPO, 1988。

(rubber stamp)。造成此种现象的缘由就在于大陪审团的审查是秘密的而非听证式的。[①] 检察官往往是参与大陪审团审查的唯一"证人"。换言之,大陪审团审查过程中被告不享有律师权。[②] 在大陪审团审查过程中可以使用传闻证据,更为重要的是,美国最高法院通过判例指出,检察官无需在大陪审团审查的过程中出示嫌疑人可能无罪的证据。[③] 有学者考察后得出,大陪审团通过了几乎所有检察官提交的案件。因此纽约州最高法官瓦赫特尔(Sol Wachtler)就曾批评大陪审团是"浪费"和"毫无意义"的。[④] 虽然大陪审团名义上可以限制检察官诉权的滥用,但是很少有被告人会真心支持大陪审团,"事实上,检察官往往才是大陪审团的坚定支持者"。莱波尔德(Leipold)通过调查后指出,1995 年,联邦大陪审团投票决定是否提起公诉的案件中,99.6%的案件被提起公诉。作者还进一步指出,"其他年份的统计数据也大体相似"[⑤]。

(三)预审法官撤销案件并驳回起诉

与大陪审团审查的选择性不同,预审听证在美国重罪案件的刑事诉讼种居于主要地位。[⑥] 一旦治安法官在第一次出庭时确定存在将犯

---

① 地方检察官使用大陪审团的比率也是十分有限的。在 1990 年针对美国科罗拉多州检察官的调查中,有 64% 的检察官说他们很少或者从来不启用大陪审团。参见 Joan Crouch, *Colorado Replication of the 1990 National Prosecutors Survey*, Washington: USGPO, 1992。

② 参见 United States v. Mandujano, 425 U. S. 564(1976)(dictum)(plurality opinion)。

③ 参见 United States v. Williams 1992,1744。

④ Sol Wachtler: "Grand Juries: Wasteful and Pointless", http://www.nytimes.com/1990/01/06/opinion/grand-juries-wasteful-and-pointless.html. 访问时间 2012 年 3 月 13 日。

⑤ Andrew Leipold, Why Grand Juries Do Not (and Cannot) Protect the Accused, *80 Cornell L. Rev. 260*(1994).

⑥ 参见〔美〕爱伦·豪切斯泰勒·斯黛丽、南希·弗兰克:《美国刑事法院诉讼程序》,陈卫东、徐美君译,中国人民大学出版社 2002 年版,第 397 页。

罪嫌疑人交付预审听证的充分证据，检察官就会向预审法院提交检察官起诉书(information)，此时起诉书将会取代前一阶段的告发书而成为主要的法律文件。预审目的是“防止草率、预谋、浪费和暴虐的指控”①。从功能上看，“预审程序是用以判断是否有足够证据证实犯罪嫌疑人可能实施了犯罪——过滤掉(screen out)证据偏弱或者缺乏事实依据的、不值得继续关注的案子”②。可见，其具有明显的案件过滤功能。预审听证作为等同于大陪审团的审查工具的合宪性，在 Hurtado v. California(1884)一案中被美国最高法院认可。③ 预审听证的主要目的是确定检察官的起诉是否正当，也就是确定是否存在让人相信指控的犯罪已经发生并且是由被逮捕人实施的合理根据。在预审中，检察官必须提出足够的证据，以便向地方法官证实被告犯重罪的诉因是存在的。④ 如果法院认为控方已经提供了充分证据证明被告人实施了罪行，案件将会被具结到下一步的诉讼中。如果检察官无法充分证实诉因的存在，他的指控将会被法院驳回，犯罪嫌疑人也将被释放(图3标号⑥)。

尽管许多司法区允许在预审时采用在正式审判时禁止使用的证

---

① Thies v. State 1922, 103.

② ANON, “The Function of the Preliminary Hearing in Federal Pretrial Procedure,” *83 Yale L. J.* 771 (1973).

③ 在该案例中，最高法院首先指出地方检察官基于检察官起诉书(information)对嫌疑人提出指控并不违宪。换言之，《联邦宪法》中规定的所有犯罪，均应经依据大陪审团出示的起诉书(indictment)方能起诉的规定，并不适用于美国地方刑事诉讼。在该判例中最高法院同时论证了预审的合宪性。当然，最高法院在其后的判例 Lem Woon v. Oregon, 299 U.S. 586(1913) 中又指出，虽然预审程序具有合宪性，但是州并没有义务来向嫌疑人提供预审听证(The states are not under a constitutional duty to grant the defendant a right to such an examination)。可见，在美国地方的刑事诉讼中，大陪审团审查和预审听证都不是必经的程序，具体实践取决于地方的实践，但是两者必居其一，或者同时适用两者。因为，美国检察官的正式起诉重罪，要么需要经过预审听证后批准的检察官起诉书，要么需要经过大陪审团出具的大陪审团起诉书，除此之外别无他法。

④ 参见〔美〕耳卜尔·卡米萨、韦恩·R.拉费弗、杰罗尔德·H.伊斯雷尔：《美国刑事诉讼程序概述》，载《环球法律评论》1980年第1期。

据，如传闻证据，然而正如许多观察家指出的那样，预审中的案件过滤比例要远远高于大陪审团的审查。现有的研究揭示，美国各地预审听证的案件过滤比率不尽相同，有的预审听证驳回80%的起诉，有的仅过滤10%。[①] 但是从美国全国范围而言，大致有10%的案件在预审中被法官剔除到刑事追诉之外，“而且没有提出任何其他控诉”[②]。Carp等人的研究也得出了相似的结论：“预审终结后案件被驳回指控的比例从2% 到超过30%不等，但一般认为典型的驳回指控比率为5% ~ 10%。”[③]这个10%是针对检察机关移送案件的数据而言的，换言之，通过预审听证过滤，检察官申请起诉的案件中大致有90%的案件进入下一阶段。造成这种预审案件过滤比例高于大陪审团审查的原因是多方面的，比如，预审是抗辩式的听证程序，被告人能够获得律师代理的宪法权利[④]，被告方能够参与并且对证人进行交叉询问，同时，检察官公布无罪证据在预审听证中也被视为是正当程序的基本要求之一，等等。[⑤]

综上所述，在案件被正式起诉到审判法院之前，法官/治安官/司法官、检察官和大陪审团通过撤销和驳回等方式，将警察移送的案件中的9.4%予以过滤。若将降等为轻罪的案件纳入考量的话，过滤比例就达14.9%。剩余未被过滤的案件将被具结至一审审判法院。（详见图3）

---

① 参见〔美〕爱伦·豪切斯泰勒·斯黛丽、南希·弗兰克：《美国刑事法院诉讼程序》，陈卫东、徐美君译，中国人民大学出版社2002年版，第403页。

② 〔美〕耳卜尔·卡米萨、韦恩·R. 拉费弗、杰罗尔德·H. 伊斯雷尔：《美国刑事诉讼程序概述》，载《环球法律评论》1980年第1期。

③ Robert A. Carp, Ronald Stidham: “Judicial Process in America”, 5th, Ed. A Division of Congressional Quarterly Inc. 2001. 转引自潘金贵：《美国刑事预审程序考察与评价》，载《西南民族大学学报》（人文社科版）2011年第12期。

④ 参见 Coleman v. Alabama, 399 U. S. 1 (1970)。在该案中，最高法院认为预审听证是刑事诉讼的关键阶段，因此嫌疑人有权获得律师的援助。(Preliminary hearing is a critical stage of the criminal proceedings requiring appointment of counsel to assist the indigent defendant)

⑤ 参见 Brady v. Maryland(1963)。

三、正式起诉后的案件过滤 (case screening after indictment)

(一) 审判法院传讯时撤销案件

如果一个刑事重罪案件通过大陪审团的审查或者预审听证后,它将会被移送至有管辖权的审判法院。此时,经大陪审团认可的起诉书(indictment)或者经预审法院审核的起诉书(information)就将成为主要的法律文件。如果案件进入这个阶段,犯罪嫌疑人才会被正式起诉至审判法院。在进行正式审判之前,审判法院将会根据大陪审团起诉书或者普通起诉书对嫌疑人进行传讯。期间,有部分被正式起诉的案件会被过滤(图 3 标号⑦)。具体而言,在此次传讯中审判法院会要求被告人对指控作出答辩。被告人可以作出无罪、不争辩①和有罪 3 种答辩。一般情况下,大致会有 15% ~30% 的重罪案件嫌疑人作出无罪的答辩,而这些案件中的绝大多数都会被法院驳回。② 当然,在传讯阶段中法院并非仅仅对作出无罪答辩的案件进行案件过滤,法院作出案件过滤的原因还可能是由于目前证据不足,在其他控告中已对被告人定罪以及被告人的动议成功。比如,辩护人提出排除非法证据的动议得到法官批准,剩余的证据已经无法证明被告人有罪,此时案件也会被驳回。有美国学者指出,即使在检察官严格筛选起诉案件的管辖区

---

① "Nolo contendere"的字面意思是"我对此指控不争辩"。虽然它在刑事诉讼中与答辩有罪有同样效果,但它却并非认罪。不争辩的好处在于,根据同一行为提出的民事诉讼不能作为认罪使用。参见〔美〕约书亚·德雷克斯、艾伦·C. 迈克尔斯:《美国刑事诉讼法精解:第二卷·刑事审判》(第 4 版),魏晓娜译,北京大学出版社 2009 年版,第 167 页脚注 3。

② 参见〔美〕耳卜尔·卡米萨、韦恩·R. 拉费弗、杰罗尔德·H. 伊斯雷尔:《美国刑事诉讼程序概述》,载《环球法律评论》1980 年第 1 期。

内,在审判阶段驳回起诉的比例也大致相当于检察官移送案件的5% ~10% 。[①] 图3数据验证了上述论断——法官在传讯时驳回起诉的比例大致为警察移送案件的4.7%,占最终进入一审法院案件(68%)的6.9%。另外,在一审法院传讯后,仍有部分案件会被转处,这个比例大致占到警察移送案件的1.1%(图3标号⑧)。扣除在传讯过程中认罪并选择辩诉交易的案件,最终进入正式审判的案件大致仅为警察移送案件的3%。

(二)陪审团或者法官作出无罪判决

如果在传讯阶段,审判法官仍未作出驳回起诉的案件过滤决定的话,案件将很快被交付正式的审判。根据美国联邦《宪法》规定,重罪案件应由陪审团审判,除非被告人放弃陪审团审判的权力。如果被告放弃陪审团审判,案件将会由法官直接作出判决。此时,美国刑事诉讼最后的一个案件过滤制度可能发生作用——无罪判决。必须指出的是,美国无罪判决的比率被大大高估了。许多中国国内学者的研究认为,美国无罪判决的比率大致占到25%。这是一个不尽准确且可能引起极大误解的数据。事实上,美国无罪判决确实为正式审判案件的1/4左右。[②] 但是,由于美国刑事案件真正进入审判的数量极其有限,因此美国的无罪判决准确而言仅占警察移送案件的0.7%。也就是说,每100件警察逮捕并移送的案件中,仅有不到1件案件被最终宣告无罪。(图3标号⑨)

---

① 参见〔美〕耳卜尔·卡米萨、韦恩·R.拉费弗、杰罗尔德·H.伊斯雷尔:《美国刑事诉讼程序概述》,载《环球法律评论》1980年第1期。

② 在重罪案件正式审判之前,有部分案件会被撤销,有部分案件会以辩诉交易结案。这里需要注意的是,案件撤销可以被视为案件过滤,而辩诉交易却并非案件过滤,因为它们仍然会被计算至定罪率(conviction rate)之中,但却不经过正式审判。因此,美国每年真正经过正式审判的案件比例很低,大致只占警察逮捕案件总数的3%—4%之间。参见 T. H. Cohen and T. Kyckelhahn, *Felony Defendants in Large Urban Counties 2006*, Washington: USGPO, 2010, NCJ 228944。

四、小　结

总的来说,如果从案件处理流程来看,我们可以大致将美国刑事诉讼的案件过滤制度进行如下归纳。

在警察机关中,绝大多数的刑事侦查的案件都被撤销或者以各种方式案件过滤,这个比率大致会占到85% ~90%。

在过滤完案件之后,警察机关会将逮捕的刑事重罪案件移送检察官办公室起诉,严格意义的刑事诉讼从这个阶段才开始。面对警察逮捕后移送的案件,检察官办公室会首先拒绝受理一部分,如果检察官办公室拒绝受理的话,嫌疑人一般不会再受到刑事追诉,他们的结局通常是被释放。对于受理的案件,检察官办公室会进行正式的审查,并决定对其中部分案件不予起诉。

另外,检察官对符合特定项目和条件的嫌疑人,如吸毒、进入商店盗窃的初犯等,还会作出暂缓起诉并转处的决定。如果在转处期限届满时,被告人没有触犯新的犯罪,检察官就会对这些暂缓起诉的案件作出不予起诉的决定,并将被告人释放。根据美国联邦《宪法》,被告人被逮捕之后需要迅速地获得"第一次出庭"的机会,因此这个阶段中检察官的审查不会十分详细,在美国许多地方的实践中,检察官根本没有时间仔细审查这些案件,而是将所有案件交付法庭聆讯。在首次传讯中,治安法官也会撤销部分的刑事案件,但这个比例基本可以忽略不计。如案件未被撤销,将会在1个月内被提交预审听证或者大陪审团审查。在这段时间中(相对较长),检察官才会有宽裕的时间对部分案件进行相对详细的审查。

在预审听证或者大陪审团审查之前,检察官会撤销部分原先已经初步起诉的案件。如果案件没有被检察官案件过滤,初步起诉的案件将会进入预审法院或者大陪审团,此时也会有部分案件被案件过滤——预审法院驳回或者大陪审团拒绝出示起诉书。如果案件通过了预审听证或者大陪审团的审查,将会被正式起诉至有管辖权的审判法院。在审判法院收到检察官起诉书或者大陪审团起诉书后，将会尽快安排针对被告人的传讯，在传讯阶段有部分案件会被审判法院案件过滤（驳回起诉）。如果案件在这个阶段仍然没有被案件过滤，等待它的将是陪审团或者法院的审判。假设通过陪审团或者法官审判认为嫌疑人无罪，此时刑事诉讼中最后一个案件过滤环节将会被激活，嫌疑人将会被宣告无罪。因此，美国刑事重罪案件的过滤比例为 33%，若将降等为轻罪的部分也纳入考虑的话，过滤的比率则高达 44%。

当然，由于美国是联邦体制，各地的实践不完全相同甚至差异极大，因此上面提及的数据只是全美的平均数据。实际上，由于美国地方实践的多样性，在案件过滤方面各地有十分不同的操作模式。有些地方的检察官办公室会设置专门的案件过滤主体（Screening Units），这些主体往往能够在刑事诉讼的较早阶段就将许多案件予以过滤。有些地方的检察官办公室没有设置这样的主体，因此他们接受了绝大多数警察部门移送的案件。两种实践的不同就在于，前者由于在诉讼较早阶段就将许多案件予以案件过滤，因此在刑事诉讼其后的阶段，比如预审、大陪审团审查的过程中被无罪化处理的比例就较少；相反，后者由于在最初阶段没有进行有效的过滤工作，在刑事诉讼随后的进程中，较大比例的案件会被法院和大陪审团等主体撤销、拒绝或者驳回。①

实证数据也能验证笔者这一论断，根据伯兰（Boland）等人对 1988 年美国几个重要司法管辖区的重罪案件处理数据，该年度在 12 个抽样调查的司法管辖区中，案件过滤（仅统计拒绝受理、撤销案件和驳回起诉）的平均比率为 39%。这其中有些司法管辖区内检察官拒绝案件和不予起诉的比率较高，则相对的法院驳回的案件比率就较低。反之亦然。比如，在布鲁克林，检察官拒绝和不予起诉的比率仅为 3%，相应的，法院驳回的比率高达 38%；在迈阿密，检察官拒绝和不予起诉

---

① 参见 Steven R. Schlesinger and Marianne W. Zawitz, *Report to the Nation on Crime and Justice*, Washington: USGPO, 1988。

的比率高达30%，而法院驳回的比率仅为6%。[①] 同样，预审听证的案件过滤比率在各地也有很大的差别，从80%到10%不等。这与预审法官所持的标准、检察官事先的案件过滤和案件过滤之后能否再次起诉等诸多问题紧密相关。在一些司法辖区中，案件在预审听证中驳回的话，检察官被严格禁止再次提起诉讼，而在有些司法辖区中，检察官仍然可以重新提起预审听证。因此前者法官可能会给予更多的回旋余地。而后者法官则会倾向于坚持严格的审查标准。[②]

① 参见 B. Boland, et al., *The Prosecution of Felony Arrests, 1988*, Washington: USGPO, 1992。

② 参见〔美〕爱伦·豪切斯泰勒·斯黛丽、南希·弗兰克:《美国刑事法院诉讼程序》，陈卫东、徐美君译，中国人民大学出版社2002年版，第403页。

第三章　中美案件过滤机制的类型分析

第一、二章详细描述了中美两国刑事诉讼案件过滤的各种方式。如果仅从表象来看，中美两国案件过滤制度并无明显不同，都是在刑事诉讼运行过程中以撤销案件、不予起诉和无罪判决等方式将刑事案件排除出刑事追诉。然而，如果将两国案件过滤机制的主体要素、目标要素和运作要素纳入考量范围的话，我们便会发现，中美两国的案件过滤机制呈现出截然不同的面貌。上述不同，最终导致了中美两国案件过滤机制的相似仅仅体现在表层，在制度实际运作中却鲜有相似之处。笔者结合实证材料，在本章中将对中美两种案件过滤的机制作出类型化的区分。

一、主体要素的差异：国家垄断与公众参与

所谓的案件过滤的主体，是指刑事诉讼案件过滤法律关系的参加者。它既包括享有案件过滤权力的权力主体，也包括参加刑事案件过滤，对案件过滤结果产生不同程度影响的参与主体。从权力的分配看，美国刑事诉讼案件过滤机制的主体要素体现出“公开参与”的特征，而我国刑事诉讼案件过滤机制的主体要素，则呈现出截然相反的“国家垄断”(state monopoly)[①]特征。

---

① “state monopoly”系德国学者在总结该国刑事诉讼特征时提出的概念。具体内容参见 Markus Löffelmann, *The Victime in Criminal Proceedings*: *A Systematic Potrayal of Victim Protection under German Criminal Procedure Law*, Tokyo: UNAFEI Pubilication, 2006, p. 31。

(一)中国案件过滤机制的主体要素——国家垄断

所谓国家垄断,是指刑事诉讼的案件过滤权力完全由国家机关掌握,在案件过滤的过程中,被告人、辩护律师和其他社会主体缺乏参与的机会,对过滤的结果也无法形成实质影响。在我国刑事诉讼中,案件过滤的权力完全由国家机关(公安司法机关)垄断。此外,在我国案件过滤过程中,被告人及其辩护律师几乎没有发挥任何作用。[①] 总之,国家垄断使我国刑事诉讼的案件过滤成为国家机关的"独角戏"。

事实上,我国刑事诉讼中存在着民众参与的实践,比如人民监督员和人民陪审员制度,两种制度从性质上都是一种社会参与,能够分享一部分国家权力[②],因此二者也应该属于社会主体。然而,就案件过滤的权力来看,两种制度的实践均有问题。

首先看人民监督员制度。虽然在制度发展过程中,人民监督员的职权范围不断扩展。然而令人遗憾的是,人民监督员的监督案件的范围仅限于检察院的自侦案件。[③] 另一方面,人民监督员对检察机关在查办职务犯罪案件中拟撤案、拟不起诉和犯罪嫌疑人不服逮捕的决定进行监督,但对于检察机关的不当起诉与不当逮捕,人民监督员则不具监督的职权。换言之,人民监督员只能对案件过滤进行事后监督,

---

① 现行《刑事诉讼法》相对于1997年《刑事诉讼法》的一个很大调整,就是要求公安,司法机关在逮捕和审查起诉环节必须听取辩护人的意见(现行《刑事诉讼法》第86、170条)。这是原来"单轨制"的一种松动。但与后文将会论述的西方实践相比,我国辩护律师促成案件过滤的制度工具仍然十分有限,其实效也尚待时间检验。

② 参见秦前红、宦吉娥:《人民监督员制度与人民陪审员制度之关系》,载《国家检察官学院学报》2009年第2期。

③ 在2007年四川广安的改革中,也将一般案件的不批准逮捕决定纳入到人民监督员的职权范围之内,并取得了良好的效果。参见徐昕:《人民监督员制度的广安模式》,载《当代法学》2009年第6期;高一飞:《人民监督员制度改革研究》,载《南京师大学报》(社会科学版)2009年第4期。然而,最高人民检察院2010年出台的《关于实行人民监督员制度的规定》并未吸收此种实践,仍然将监督范围严格限制在检察院自侦案件。

而不能在事前参与案件过滤。

其次，根据人民陪审制度的最初预设，人民陪审员与法官是“同职同权同责”，因此他们自然可通过合议最终给予某个嫌疑人以无罪的处断结果。然而，许多学者的研究已经揭示，这仅是一种“形式参与”，人民陪审员陪而不审，或者沦为“陪衬员”[①]“沉默的木偶”（silent puppet）[②]。有人曾统计过，50 件有人民陪审员参与的案件，其中 84% 的案件中人民陪审员只说了一句“我同意”，另外 16% 的案件中人民陪审员完全同意法官的观点，并只是简单补充了原因。[③] 可见，这是一种对案件过滤的“形式参与”。

（二）美国案件过滤机制的主体要素——公众参与

从权力的分配看，美国刑事诉讼案件过滤机制的重要特征，就在于案件过滤的权力并未被国家机关所垄断。本书第二章的分析已经证实，在美国刑事诉讼中享有案件过滤权力的主体十分多元，既有行政官员（检察官和治安官），也有司法官员（预审法官和审判法官），同样还有社会主体（大、小陪审团）。社会主体对刑事诉讼的参与是英美法系，尤其是美国刑事司法的一大特色。“在忠实践行自然权利学说的美国，人民在惩罚程序中保留了许多重要的参与或决定权，大小陪审团各自在起诉与审判程序中的功能，可以说是人民对惩罚权力最明显的保留。”[④]

从各自所起的作用来看，在 33% 的案件过滤比例中（未计算降格处理的比例），检察官完成了 17% ~20%，法官完成了 12% ~15%，陪审团大致完成了 1%。尽管从绝对值来看，社会主体的作用并不显著。然而小陪审团在正式审判中高达 23% 的无罪判决率，仍然令

---

① 廖永安：《社会转型背景下人民陪审员制度改革路径探析》，载《中国法学》2012 年第 3 期。

② Zhuoyu Wang, Hiroshi Fukurai, Popular Legal Participation in China and Japan, *International Journal of Law*, 38(2010).

③ 参见何兵：《陪审制度的意义》，载 2005 年 4 月 25 日《人民法院报》。

④ 姜涛：《刑事程序分流研究》，人民法院出版社 2007 年版，第 18 页。

人印象深刻。[1] 经典的关于陪审团的研究证实，相较于法官而言，陪审团对被告人更加仁慈（lenient）。[2] Leipold 曾就此问题进行过个案访谈，受访的律师均表示陪审团审判中更有可能获得他们（律师）所希望的结果（favorable outcome）。绝大多数受访的检察官承认，从辩护的角度来看，陪审团审判会给予被告人以更好的机会获得无罪判决。[3] 这也是为什么嫌疑人更愿意选择陪审团审判，而不是由法官独任审判。据统计，在 1983 年至 2002 年间，所有联邦刑事庭审中，有 77% 的嫌疑人选择由陪审团审判。也就是说，只有不到 1/4 的人选择由法官审判。[4] 嫌疑人的理性选择，已经验证了陪审团（社会主体）对案件过滤的积极效用。

在案件过滤权力主体之外，我们也不能忽视辩护律师的作用。在美国，辩护律师虽非案件过滤的权力主体，但却是至关重要的参与主体。他们的身影贯穿于刑事诉讼案件过滤的 3 个阶段中：

首先，在指控提起前，检察官面对的案件是基本未经过滤的“粗糙”案件。其中有一部分只有受害人证言一项“孤证”。这些案件通常不可能取得定罪的结果。辩护律师可以通过与检察官及时的沟通促成案件过滤。然而，对那些有一系列辅助证据的案件，要说服检察官放弃追诉就显得比较困难，但是辩护律师可以通过举证来“强迫”检察官放弃追诉。比如辩护律师通过调查发现，被害人有虚假（deceptively）指控他人的记录，或者嫌疑人有不在场的证明。这些举证虽不会直接导致案件被过滤，但却很可能“强迫”检察官启动调查程序并最

---

① 图 3 的数据显示，小陪审团的案件过滤比率为 0.7%。然而，需要指出的是，进入正式审判的案件仅占警察移送案件的 3%，其余绝大多数案件被以辩诉交易的形式解决。因此小陪审团最终判决无罪的比率，接近正式审判案件的 1/4（0.7% ~3%）。

② 参见 H. Kalven, JR. and H. Zeisel, *The American Jury*, Boston: Little, Brown, 1966, pp. 55-62。

③ 参见 A. D. Leipold, “Why are Federal Judges so Acquittal Prone?” *Washington University Law Quarterly*, *Vol. 83* (2005)。

④ 同上注。

终促成案件被放弃。

其次，当检察官作出指控后，辩护律师还可以通过提出各种动议来排除证据。若动议被采纳，检察官的起诉就很有可能被驳回，因为剩余的证据可能无法证明嫌疑人有罪。本阶段中，律师还可以在法庭提出诸如违反迅速审判原则的动议，若法院采纳该动议，就会径直驳回起诉。[①]

最后，律师还可以寻找检察官控诉证据中的弱点，比如警察陈述和证人证言前后不一致，或者证明物证是不可靠的。这些努力都可能削弱检察官的起诉并最终可能导致案件被过滤。总之，社会主体的参与，使美国刑事案件过滤机制的主体要素具有了开放的属性。

二、目标要素的差异：单一目标导向与多元目标导向

（一）中国案件过滤机制的目标要素——单一目标导向

无论是理论层面，还是实践操作层面，要对刑事案件进行过滤，必须要建立区分标准，即哪些案件可以过滤。标准的确立与过滤机制的设立目标紧密相关，有何种目标就会形成与之对应的区分标准。从实践来看，我国案件过滤机制遵循的是以纠错为主的较为单一的目标体系。

“我国的刑事诉讼遵循着这样的理念：仅由一机关来调查核实证据还是有很大局限性的。因此需要由承担不同诉讼职能的机关从不同角度审查核实证据，纠正前一机关可能出现的错误。”[②]故而，过滤的首要目标是有效纠正刑事诉讼中的错误。它是刑事诉讼“流水线”上的各主体在自己的职责范围内对前一环节的行为进行的审查和监

---

① 参见〔美〕约书亚·德雷克斯、艾伦·C.迈克尔斯：《美国刑事诉讼法精解：第二卷·刑事审判》（第4版），魏晓娜译，北京大学出版社2009年版，第302页。

② 陈瑞华：《刑事诉讼的中国模式》，法律出版社2008年版，第236页。

督，其目标是保证前一环节的“认识错误”中的“冤枉之人”都会以过滤的方式被妥善解决。具体而言，检察机关负责对公安机关工作进行确认和验证，法院的工作则是对检察机关和公安机关工作的确认和验证。如果“验收过关”，刑事案件会被绑定到下一个诉讼阶段；如果验收不过关，“次品”将会被“揪出”并从“传送带”上取走。用陈瑞华教授的话来概括，我国的刑事诉讼制度特别强调“不枉不纵”“有错必纠”，对于那些事实认定上确有错误的案件，一经发现，就必须予以纠正。[①] 这便是纠错的目标导向。

除了“纠错”目标导向外，我国刑事诉讼中还存在着基于“宽宥”而进行的过滤。它实际上是一种“起诉犹豫”。刑事司法中的犹豫制度是指国家处置权行使时充分考量社会效果，以暂缓或节制国家刑罚权的行使为指向，裁量作出不启动或暂缓启动司法处分决定的制度。犹豫制度的目标追求较为丰富，但主要是为了使被追诉人享有不脱离社会权和复归社会权，并达至增进社会的总福利的目标。[②] 换言之，即通过对特定犯罪嫌疑人的宽宥而实现社会公共利益。我国刑事诉讼的“犹豫制度”在酌定不起诉中体现得较为显著。酌定不起诉是指检察机关经过审查认为嫌疑人构成犯罪，但罪行轻微可以免除刑事处罚时，根据具体情况自主作出不予起诉的决定（《刑事诉讼法》第 173 条第 2 款），其适用前提之一就是某行为构成犯罪。可见，该制度的目标显然与“纠错”无关，而是通过对嫌疑人的宽宥体现刑罚个别化的刑事政策。它本质上是起诉便宜主义的体现。[③] 同样，2012 年修订《刑事诉讼法》时新增的针对未成年人的附条件不起诉制度，实际上也是在检察机关认为该未成年嫌疑人构成犯罪的前提下展开的。总而言之，

---

① 参见陈瑞华：《问题与主义之间——刑事诉讼基本问题研究》，中国人民大学出版社 2003 年版，第 295 页。

② 参见徐鹤喃、郭云忠：《刑事司法中的犹豫——兼谈我国不起诉制度的发展》，载《法学家》2006 年第 6 期。

③ 参见陈光中：《论我国酌定不起诉制度》，载《中国刑事法杂志》2001 年第 1 期。

该过滤机制,一方面是为了在适用刑罚时充分考虑到犯罪人的特性,从而落实对特定犯罪人宽宥的目标[①];另一方面则是为了尽量节约有限的诉讼资源,从而实现将"有限的司法资源投入到一些更为重大、更亟待处理的案件之中"[②]的社会公益。

此外,我国刑事诉讼中还有基于功利目标进行的过滤。这种情况突出体现在刑事和解的改革之中。"刑事和解,是指在刑事诉讼程序运行过程中,被害人和加害人(即被告人或犯罪嫌疑人)以认罪、赔偿、道歉等方式达成谅解以后,国家专门机关不再追究加害人刑事责任或者对其从轻处罚的一种案件处理方式。"[③]其中不再追求刑事责任,主要是通过"酌定不起诉"制度。因此其目标理应是前文论述的对特定嫌疑人的宽宥。然而,在实践中其目标已功利化。陈瑞华教授曾指出,我国刑事和解制度发生的动因主要解决的是民事赔偿问题,减少申诉和上访。[④] 因此基于刑事和解而开展的过滤就不可避免地沾染了功利的"气息"。

综上,尽管现阶段我国刑事案件过滤机制的目标导向是多元的,然而却仍以纠错为主。基于宽宥嫌疑人而进行过滤的实践,仍然没有全面展开,突出表现在"范围过窄且方式单一"[⑤]。具体而言,"犯罪情节轻微是适用不起诉的前提条件,在满足这一条件的前提下,符合不

---

① 最高检将宽宥的对象规定为"初犯、从犯、预备犯、中止犯、防卫过当、避险过当、未成年人犯罪、老年人犯罪以及亲友、邻里、同学同事等纠纷引发的案件"。参见最高人民检察院《关于在检察工作中贯彻宽严相济刑事司法政策的若干意见》。

② 汪海燕:《我国酌定不起诉制度的困境与出路——论赋予犯罪嫌疑人选择审判权的必要性》,载《政治与法律》2004 年第 4 期。

③ 陈光中:《刑事和解的理论基础与司法适用》,载《人民检察》2006 年第 5 期(下)。

④ 参见陈瑞华:《刑事诉讼的中国模式》,法律出版社 2008 年版,第 92 页。

⑤ 宋英辉:《酌定不起诉适用中面临的问题与对策——基于未成年人案件的实证研究》,载《现代法学》2007 年第 1 期。

需要判处刑罚或者免除刑罚的条件时才能适用不起诉决定”[①]。另外，最高检也通过各种方式着力控制此种过滤。比如最高人民检察院于1998年下发的第12号文件，甚至强调即使符合相对不起诉的条件，除极个别情况外，均应起诉。[②] 可见，起诉犹豫制度在我国司法实践中仍然受到了诸多限制，因此不可能成为过滤的主流。

另外，起诉犹豫制度虽然伴随着对诉讼效率的考量，但“宽宥犯罪人的考量显然具有更加重要的地位”[③]。由此足见，效率的目标导向在我国过滤机制中的重要程度甚至低于宽宥。虽然实践中刑事和解也伴随着一些功利的目标导向。但该导向却受到多方面的批判，其合理性也受到了各界的质疑。反对者认为，通过赔偿而进行非犯罪化处理的方式，使得一些有罪之人逃避了刑法的制裁，这是明显的“有罪不罚”，是“以钱免刑或者花钱赎命”，是“法院对公平的贱卖”，是“司法与行政的双双失职”。更为重要的是，刑事和解尚未全面展开，它的结果也并非一定是过滤。“检察机关即便发现被告方与被害方达成了和解协议，也一般不可能动辄作出不起诉的决定，或者建议公安机关撤销案件，最多建议法院从轻或者减轻处罚。”[④]2012年《刑事诉讼法》修订过程中对刑事和解范围的明显限制便是明证。因此，此种功利化的目标导向并不能对处于绝对垄断地位的纠错导向产生实质影响。我

---

① 陈光中：《论我国酌定不起诉制度》，载《中国刑事法杂志》2001年第1期。

② 参见田兴洪、杜文俊：《轻罪刑事政策指导下不起诉的制度转变》，载《法学》2012年第1期。

③ 汪海燕：《我国酌定不起诉制度的困境与出路——论赋予犯罪嫌疑人选择审判权的必要性》，载《政治与法律》2004年第4期。

④ 相关争论参见王琳：《在中国，“恢复性司法”仍当慎行》，载2006年11月3日《东方早报》；曲昌荣：《郑州中院对故意杀人案适用刑事和解达成谅解就能“花钱减刑”？》，载2009年10月27日《人民日报》；吴晓峰：《轻伤害等案件允许当事双方“私了”有利社会和谐还是会导致胡作非为？刑事和解争议中试水遇法律难题》，载2006年7月26日《法制日报》；刘承韪等：《刑事和解的正当性追问》，载2009年7月13日《法制日报》；王琳：《“恢复性司法”还没到本土化的时候》，载2009年11月2日《法制日报》。

国过滤机制的目标要素仍然是以纠错为绝对核心的。①

（二）美国案件过滤机制的目标——多元目标导向

样本 1　1972 年美国国家地区检察官协会《检察官工具书》(节选)

1972 年美国国家地区检察官协会《检察官工具书》

NDAA:*The Prosecutor's Deskbook*②

检察官在筛选案件时应考量以下因素：

（1）是否认为被告有罪?

（2）案件最终是否会被定罪?

（3）与最终可能获得的定罪结果对比，是否值得花费相应的时间和精力来处理案件?③

（4）是否有来自其他机关或者政府部门的压力?

（5）嫌疑人在社区的知名程度是否会导致如果将案件公开化，嫌疑人会受到比判决更加严重的惩罚?

（6）对嫌疑人定罪的结果是否会让检察官看起来很无情(heartless)?

---

① 在现行《刑事诉讼法》中专章规定了刑事和解和附条件不起诉制度，这些新的无罪处理"工具"的加入，对无罪处理机制目标要素的影响有待进一步观察。然而，从两项制度被规定在"第五编 特别程序"之中，可以推断，立法者仍然将此种机制视为刑事诉讼的特例，因此也就不太可能在司法实践中成为绝对的主流。

② *The Prosecutor's Deskbook* (*1971*), published by the National District Attorneys Association, pp. 23-25.

③ 这点在笔者的访谈中也得到了验证，Richman 教授指出，有时检察官撤销刑事案件可能是因为："如果我们花了几个月的功夫并且在庭审上交叉询问之后得到处罚，仅仅是缓刑或者社区劳动，我们可能会考虑是否有必要将有限的时间花在这些案件上。"(访谈编号：NDR-1)

(7) 嫌疑人最终可能被判处的刑罚,对其所犯之罪而言会不会太严重了?

(8) 审判区所在地的陪审团是不是倾向于作出无罪判决?

(9) 等待嫌疑人触犯一个更加严重的犯罪,并且收集了更加充足的证据之后再起诉会不会更好?

(10) 嫌疑人是否可以转作污点证人?

(11) 可能审理此案的法官是否对自己有利(favorable)?

(12) 即使定罪的可能性很低,但是否可以因为被告人触犯了他没有被起诉的犯罪而起诉?

(13) 尽管案件的结果可能会令人怀疑,但案件是否涉及民事权利(civil rights are involved)?

(14) 检察官的个人感觉(personal feeling)?

(15) 案件是否可能被移送至其他法院或者可以通过其他组织采用非刑罚的处罚(civil penalties)?

要正确评价刑事司法程序中的某项机制,我们必须首先明确该项机制的目标或者主要功能所在。[①] 基于不同的目标会形成过滤案件不同的区分标准。美国刑事诉讼案件过滤的标准是一种"多核"目标体系,即纠错、效率、宽宥和功利等目标的结合。观察样本 1 节选的 NDAA 出版物规定的有关案件过滤时检察官需要考量的因素可以发现,美国刑事诉讼案件过滤机制是多元目标导向(multi-purpose oriented)的。

1. 检察官案件过滤的多元目标导向

(1) 以纠错为目标导向

所谓的纠错是指案件过滤是为了纠正刑事诉讼中的错误追诉,即将不应追诉(当事人被冤枉)的案件通过各种方式过滤在刑事诉讼之

① 参见 Gary L. Anderson, "The Preliminary Hearing-Better Alternatives or More of the Same?," *35 Mo. L. Rev.* 281 (1970).

外。这是一种鲜明的回溯型(backward-looking model)[①]目标——对之前发生的错误行为的纠正。以纠错为目标的案件过滤,可以表现为检察官发现犯罪行为并非嫌疑人所为,或者认为证据不足而对案件进行的过滤。以纠错为目标的案件过滤是对之前环节中国家错误追诉行为的"回溯"和纠正,它的落脚点是诉讼公正。

(2)以效率为目标导向[②]

除了以纠错为目标外,效率也是美国案件过滤主体所追求的重要目标。它的出发点与回溯型的纠错截然相反,是前瞻型(forward-looking model)的,即考虑案件继续进行的成本与最终收益之间的关系并过滤那些"不必追诉"的案件。众所周知,刑事司法资源的有限性与刑事司法需求之间的差距是美国刑事诉讼体系的重要问题。如何将有限的司法资源运用到最为关键的环节,一直是美国刑事诉讼法学界讨论和研究的问题。学者较为一致的观点是,解决刑事司法资源有限性可以主要依靠两种方式:非犯罪化处理(decriminalization)和选择性执法/起诉(selective enforcement/prosecution)[③]。两者均涉及采用一定的方式对刑事案件进行评估,从而将部分案件排除在刑事追诉之外,并

---

① 此种概括受到《耶鲁法律杂志》一篇有关预审功能文章的启发。该文在分析美国预审时将不同的目标划分为 forward-looking 和 backward-looking 两种类型。笔者经过再三斟酌,将两者翻译为前瞻型和回溯型。参见 ANON, "The Function of the Preliminary Hearing in Federal Pretrial Procedure," *83 Yale L. J.* 771 (1973)。

② 需要特别指出的是,本书所提出的四种过滤的目标,并非绝对的"泾渭分明"。在特定场合中,几种目标是相互交织的。比如,纠错和宽宥目标指导下的案件过滤,也会附带性地提升刑事司法系统的效率,因为错误追诉和不值得追诉的案件在较早环节便被过滤。但此种效率目标是附带性的,与此处论及的主要以效率为目标的价值追求明显有差异。

③ 选择性起诉的问题在美国引起过一定的争议,反对者认为,此举将会造成极大的不公平,最终美国最高法院通过判例 Oyler v. Boles, 368 U.S. 448 (1962) 的形式在一定程度上认可了检察官选择性起诉的权力。最高法院认为,选择性的起诉行为本身并非意味着歧视,而是要审视选择性起诉的原因,只要这样的选择性起诉不是基于宗教、性别、民族和种族等原因作出(The conscious exercise of some selectivity in enforcement is not itself a federal constitutional violation)。

达至降低案件负担的目标。选择性起诉的对应面就是选择性地不起诉,其本质也是一种案件过滤。可见,案件过滤是美国刑事诉讼应对司法资源有限的重要手段。如果追溯历史的话,美国刑事诉讼中出于节省资源的考虑而“筛选”案件的实践大致有 150 年历史。在这中间,警察和检察官均会负责部分的筛选。警察控制刑事侦查的门槛,决定什么案件需要侦查,什么案件需要逮捕;检察官决定什么案件需要起诉,什么案件可以撤销。据统计,如果算上警察部门的案件过滤职能,大致有 95% 的刑事事件(incident)最终都被以各种形式排除在刑事诉讼之外。

在效率目标的指引下,判断案件是否应过滤的标准,就在于追诉该犯罪会否导致司法资源的无谓浪费和降低效率。若权力主体认为追诉特定犯罪所得的结果与花费的资源不成比例,便会将其过滤。美国国家地区检察官协会副主席 James Garber 在 1973 年发布的《刑事案件过滤及其建议》(*Screening of Criminal Cases and Recommendations*)中指出:“案件过滤的基本目标应是更好地利用有限的刑事司法资源”“那些被错误纳入刑事诉讼的案件耗尽了本该被应用到其他案件的司法资源”“如果我们适当地采用案件过滤,一些可在刑事诉讼体系外处理的案件就不会进入刑事诉讼中来”。① Merrill 等人也认为:“如果无法将一些不够重要的案件有效地过滤,其他的重要案件就有可能无法受到有效的关注,这种情况将会给刑事司法体系带来负面影响。”②

上述学术理念对美国的法律文本产生了显著影响。1972 年由 NDAA 出版的《检察官工具书》中明确规定,检察官在决定是否过滤案件时可以考虑“与最终可能获得的定罪结果对比,是否值得花费相应的时间和精力来处理案件”③。美国《国家起诉标准》第 4-3.5 条第 j

---

① J. Garber, *Screening of Criminal Cases and Recommendations*, Washington: USGPO, 1973, p. 52.

② W. J. Merrill, et al., *Case Screening and Selected Case Processing in Prosecutors' Offices*, Washington: USGPO, 1973, p. 7.

③ *The Prosecutor's Deskbook* (*1971*), published by the National District Attorneys Association, pp. 23-25.

款也规定,如果追诉会导致过度的成本(excessive cost),也可以不起诉。需要强调的是,效率与纠错遵循着不尽相同的思考路径。纠错的过滤是因为这些案件不应追诉,若继续追诉会产生错误追诉——冤枉无辜。反观效率的过滤,则是因为案件"不必追诉"。通俗来说就是案件处于可以追诉,亦可以不追诉的两可境地。权力主体基于前瞻的考虑,考虑到进行追诉未来可能导致了效率低下而对案件进行过滤。因此,在纠错视角中,效率过滤可能并非是纠错,而恰恰是犯错——放纵犯罪。对此,Arenella 的观点就很有代表性:"尽管检察官可能确信被告人有罪,并且会最终被宣判有罪,他仍然可能决定不予起诉,原因可能是这个案子不值得花费稀有的刑事司法资源。"①

除了不起诉的案件过滤之外,检察官转处程序的实施,也包含着鲜明的效率导向,转处是"把轻罪案件在审判前阶段分流处理, 使法院节省时间和司法资源, 关注更为严重的犯罪案件"②。转处程序的前提便是嫌疑人的行为已经构成犯罪。

(3) 以宽宥为目标导向

所谓的以宽宥为目标,是指案件过滤是为了体现对特定嫌疑人的宽宥,并促使其积极回归社会。这种案件过滤,在美国主要表现为转处程序。前文已论及,转处程序通常与暂缓起诉合并使用。美国检察官在决定是否起诉时会考虑社会公共利益,如具体案件的罪行的严重性,特别是该犯罪行为在当地居民心目中的严重性和恶劣性。对于那些当地居民深恶痛绝的犯罪,检察官会尽力提起公诉,以便获得当地选民对其行动的认可和支持。此外,检察官起诉时还可能考量犯罪嫌疑人、犯罪受害人、公众关注、案件时间和检控资源等诸多方面的因素。③

---

① Peter Arenella, "Jury and the State Preliminary Hearing to Prevent Conviction without Adjudication," *7 Nat'l J. Crim. Def.* 299 (1981).

② 侯晓炎:《美国刑事审前分流制度评介》,载《环球法律评论》2006 年第 1 期。当然,转处程序的主要目标应该是为了体现对特定嫌疑人的宽宥,效率只是附带性的追求。具体内容参见后文的分析。

③ 参见杨诚、单民主编:《中外刑事公诉制度》,法律出版社 2000 年版,第 109 页。

（4）以功利为目标导向

功利的目标导向发生在检察官的案件过滤实践之中。它主要考虑某一案件在后续审判中可能被最终定罪的可能性。若案件很可能在审判中被宣判无罪，从而对检察官良好的“定罪记录”形成影响的话，检察官可能会将其过滤。如果说纠错、效率和宽宥是美国法律文本明确规定的过滤目标的话，功利目标则在很大程度上是纯实践的。尽管在美国相关的法律文本中明确禁止检察官基于提高定罪率的考量而放弃案件，但在实践中，对这种功利的目标追求却并不鲜见。文本与实践的脱节是世界各国司法面临的共同问题。1972 年由 NDAA 出版的《检察官工具书》中就有专章介绍刑事案件的案件过滤。在介绍的开头，NDAA 引用了学者 Breitel 的论述来说明采用案件过滤的缘由：“如果每个警察、检察官、法官完全严格地依照法律行事，刑法将会被执行，但是这种状况却是令人无法容忍的（intolerable）。生活就会成为对谋杀灵魂的规则和禁忌的毫无意义的遵守。（Living would be a sterile compliance with soulkilling rules and taboos）。”美国警察对检察官最大的抱怨就在于，他们发现检察官实在是过度的定罪导向（conviction-oriented）。检察官只愿接受那些证据充分并且能够获胜的案件。对其他案件，检察官十分乐于进行辩诉交易，不予起诉，撤销案件或者直接拒绝受理。因为这种“定罪导向”，警察总是认为检察官表现得过度的仁慈。①

综上，美国刑事诉讼案件过滤机制的目标导向是十分多元的。正如 NDAA 总结的那样：“案件筛选过程中不能只考虑证据问题，还要考虑法院的积案（court backlog）、公平（equity）、功利（utility）和经济（economic）等因素。”②此外，美国联邦最高法院也通过判例认可了检察官是否起诉需要考虑的因素可以是“证据的力量、起诉的威慑力、政

---

① W. F. McDonald, et al., *Police-Prosecutor Relations in the United States: Executive Summary*, Washington: USGPO, 1982.

② 同上注，第 23 页。

府的政策倾向性和个案与政府执法计划的具体关系”[1]。笔者将此种特征概括为“多元目标”(multi-purpose)。此种多元目标导向已被大量有关检察官的实证研究所验证。根据现有的实证研究,检察官过滤案件主要会基于以下考虑:① 证据问题;② 检察官关于关键的刑事司法问题的看法;③ 检察官所处的政治和社会环境;④ 司法资源的有限性。[2]

Jacoby 的研究确认了这种现象,并总结出至少有 3 个因素是检察官会考虑的:① 证据的充分性(Legal Sufficiency),一个案件会被起诉,至少是因为检察官看来最低要求的法律证据要件已经具备;② 系统的效益(System Efficiency),逮捕的案件将会以最快的方式进行处理,比如拒绝受理、撤销案件或者辩诉交易;③ 获得有罪判决的充分性(Trial Sufficiency),检察官只会接受那些在他们看起来能够在法庭上取得有罪判决的案件。[3]

2. 法官案件过滤的多元目标导向

撤销指控和驳回起诉是美国法院常用的案件过滤制度。这两者是紧密相连的。撤销指控(dismiss of charge)是法院基于控辩双方的动议,针对某一指控所作出的终止审理的裁定。案件一旦被法院撤销起诉,就意味着起诉方提出的某一指控被法院予以驳回。[4] 美国法官和陪审团在案件过滤时也遵循多元的目标导向。

首先,纠错同样是法官进行的案件过滤时所追求的目标。“对处于被追诉境地的公民而言,不受到错误的指控,不接受错误的审判就是最大的公正。而各国设立预审程序的主要意旨之一,就是为了通过对起诉的审查控制,防止公民受到无根据、无理由的起诉,从而导致无

---

① Wayte v. United States, 470 U.S. 598, 607(1985).

② 参见 Steven R. Schlesinger and Marianne W. Zawitz, *Report to the Nation on Crime and Justice*, Washington: USGPO, 1988。

③ 参见 J. E. Jacoby, “Police-Prosecutor Relations,” *Working Paper for the National Institute of Justice (November 1981)*。

④ 参见陈瑞华:《问题与主义之间——刑事诉讼基本问题研究》(第 2 版),中国人民大学出版社 2008 年版,第 502 页。

辜的被追诉人受到审判。”[①]同样,美国法官的过滤实践中也存在着对效率的追求。有学者对预审研究后指出,在进入审判程序之前,就宣布错误追究的终止或违法侦查行为和其所获证据的无效,不仅有利于避免社会资源的无端浪费,也使得追诉方和被追诉人均能及时从高成本耗费的诉讼状态中解脱出来,从而降低刑事诉讼的经济成本和道德成本,使刑事诉讼效率得到提高。[②] 此外根据学者陈瑞华研究,美国法院撤销案件的原因还可能是基于指控违背了“禁止双重危险原则”或者“快速审判原则”。以“迅速审判原则”为例,美国《联邦宪法》第6修正案规定:“在任何刑事诉讼中,被告人都享有迅速和公开审判的权利。”如果在审判中有不必要的拖延,法官也可能驳回检察官的起诉,并不会对嫌疑人是否有罪进行判定。正因如此,美国国内对法院程序性的驳回起诉也颇有争议,并认为这种行为将会直接导致犯罪者逃脱法网。还有学者认为,基于一个法官或者法院犯有错误[③]就使罪犯逍遥法外,是令人难以容忍的。[④]

3. 陪审团案件过滤的多元目标导向

陪审团在进行案件过滤时,也会基于多方面的考量。陪审团判决无罪的重要原因之一,包含检察官提交的证据无法达致“排除合理怀疑”的标准。这是很明显的纠错导向,当然纠错并非唯一的诉求。“所有检察官都知道,陪审团有时候会在证据充足的情况下宣判一个人无罪。”[⑤]也就是说,非证据因素往往有可能导致案件在这个环节的过滤。比如陪审团可能基于同情而宣判被告人无罪,尤其是当被告人是

---

① 潘金贵:《公诉制度改革研究:理念重塑与制度重构》,中国检察出版社2008年版,第54页。

② 参见汪建成、杨雄:《比较法视野下的刑事庭前审查程序之改造》,载《中国刑事法杂志》2002年第6期。

③ 此处指法官没有迅速进行审判的错误。

④ 参见陈瑞华:《问题与主义之间——刑事诉讼基本问题研究》(第二版),中国人民大学出版社2008年版,第502—508页。

⑤ Peter Arenella, Jury and the State Preliminary Hearing to Prevent Conviction without Adjudication, *7 Nat'l J. Crim. Def.* 299 (1981).

过失犯罪或者触犯的是一项并不常用的法律；同样还可能因为感觉制定法过于严厉，不符合公众的理念而宣判无罪。Kalven 和 Zeisel 两位学者在对美国陪审团审判的 3 576 件案件进行研究和对 555 名法官进行问卷调查后得出结论，陪审团判决无罪的理由主要有以下几个可能：① 同情犯罪嫌疑人；② 认为被害人也有很大过错；③ 认为犯罪嫌疑人的罪行轻微；④ 考虑到嫌疑犯触犯的法律并不经常使用；⑤ 认为犯罪嫌疑人已经受到应有惩罚了；⑥ 犯罪嫌疑人的行为在嫌疑人所处的文化中不被认为是犯罪。[①]

对无罪判决不能上诉，也证明了陪审团判决结果的不确定性，因为美国社会广泛认为同一案件经过不同陪审团的审判很有可能会得出完全相反的结果。[②] 并且，当涉及种族等问题时，不同种族构成的陪审团，还会在很大程度上影响案件结果的公正。[③]

三、运作要素的差异：非独断与独断

（一）中国案件过滤机制的运作要素——非独断

研究机制势必还要关注权力的运作方式。这可以从三方面进行考察：① 各主体内部案件过滤权力的运作方式；② 各主体之间进行案件过滤时彼此的作用方式；③ 过滤决策是否具有终局性。我国刑事诉讼案件过滤机制的方式要素呈现出内、外运作的非独断性。它是指案件过滤需要面对案件过滤权力主体内部的层层审批和案件过滤主

---

① 参见 H. Kalven, JR. and H. Zeisel, *The American Jury*, Boston: Little, Brown, 1966, pp. 15-27。

② 1980 年的案件 Standerfer v. United States 中法官就指出，如果说不同陪审团会得出不同的审判结果这个结论让人不舒服的话，这种不舒服恰恰是我们建立陪审团体系的结果之一。

③ 在美国历史上，由罗德尼 · 金案以及由其引发的 1992 年在洛杉矶发生的暴动就是明证。参见〔美〕爱伦 · 豪切斯泰勒 · 斯黛丽、南希 · 弗兰克：《美国刑事法院诉讼程序》，陈卫东、徐美君译，中国人民大学出版社 2002 年版，第 20 页。

体之间的相互制约。

1. 内部层层审批

非独断性表现在案件过滤权力主体在作出案件过滤决定时，需要面临层层的内部审批。这与美国的案件过滤机制形成了鲜明对比。在我国的刑事司法实践中，案件过滤需要面临的审批远比不过滤来得复杂与繁琐。如果检察机关办案人员准备作出存疑不起诉决定时，需首先写出书面报告报请主诉检察官同意；如果主诉检察官同意之后，还要征得审查起诉部门负责人的同意；待部门负责人同意后，再报送检察长审查批准；只有经过检察长审批决定后，案件才会被提交至检察委员会讨论决定。此外，某些重大、复杂的刑事案件，经检察委员会讨论决定后，还要报上级人民检察院批准。与之相反，承办检察官的起诉决定通常仅需要通过主诉检察官审批即可。[①] 同样，公安机关作出撤销刑事案件的决定，也需要面临比移送刑事案件更多的内部审批；法官作出无罪判决所需要经过的审批程序，也远比有罪判决来得繁琐，甚至几近苛刻。

2. 外部相互制约与合作

各权力主体围绕案件过滤的相互合作与制约，也使得我国案件过滤机制呈现出非独断的特征。这也与美国的案件过滤实践形成了鲜明反差。在非独断的案件过滤机制中，面对有过滤可能的案件，公安、司法机关通常会借助正式或者非正式的程序进行诉讼倒流[②]——补充侦查；在诉讼倒流期间，公安、司法机关还会进行正式或非正式的沟通与协作，最终案件过滤的结果是在协作的基础之上充分协商甚至是彼此交易的结果。沟通、协作、商量和交易是协商型案件过滤机制的关键所在。这其中，补充侦查是中国式案件过滤机制运作的基础，它的过程中包含着沟通与交流；同时，公安、司法机关的商量与交易，也直

---

① 相关内容来源于西南政法大学诉讼法与司法改革研究中心于 2011 年 8 月编写的《审查逮捕程序正当化培训材料》（内部材料）。

② 将案件倒回到前一个诉讼阶段并进行相应的诉讼行为。参见汪海燕：《论刑事程序倒流》，载《法学研究》2008 年第 5 期。

接取决于补充侦查的结果。

《刑事诉讼法》第88条、第171条第2、3款和第198条第(2)项分别规定了3种补充侦查,即审查批准逮捕阶段的补充侦查、审查起诉阶段的补充侦查和法庭审理阶段的补充侦查。也就是说,诉讼倒流可能出现在上述审查逮捕、审查起诉和法庭审判的环节之中。[①] 从法律上讲,只有在“事实不清,证据不足”或者“遗漏同案犯与罪行”的情况下才能启动补充侦查。[②] 故而,退回补充侦查并非刑事诉讼的必经环节。如果公安司法机关通过审查认定嫌疑人不构成犯罪,可以径直启动案件过滤机制,而不需要进行补充侦查。同时,即使在部分证据有问题的情况之下,补充侦查也并非必须的选项。“实际上,从对刑事诉讼法对补充侦查制度改革的法条解读看,在部分事实不清的情况下,并不一定要进行补充侦查。”[③]此外,从制度最初设置的目的来看,退回补充侦查的制度功能主要在于查证事实,即通过补充侦查,使特定

---

① 最高人民法院、最高人民检察院、公安部、国家安全部、全国人大常委会法制工作委员会《关于〈刑事诉讼法〉实施中若干问题的规定》(以下简称《规定》)第27条规定:“人民检察院审查公安机关提请批准逮捕的案件,应当作出批准或不批准逮捕的决定,对报请批准逮捕的案件不另行侦查。”因此,从某种程度上,而六机关《规定》第27条对《刑事诉讼法》第68条关于审查逮捕阶段补充侦查问题的规定的修改,实际上取消了审查逮捕阶段的补充侦查。然而,此种规定并没有真正消除在审查逮捕中的补充侦查的实践,只是使得此类实践由“地上”转入“地下”,由正式的制度实践转变为非正式的制度实践。参见赵晓磊:《从审查起诉阶段的补充侦查辨析检警关系》,载北京检察网,http://www.bjjc.gov.cn/bjoweb/minfo/view.jsp?DMKID=157&XXBH=15180,访问时间2012年3月6日。

② 实践中退回补充侦查的原因,主要是基于事实和证据的问题。学者左卫民等人在2007年的实证调查显示,在审查起诉过程中,检察机关退回补充侦查因为“遗漏同案犯与罪行”的原因大致仅占总数的1.51%,剩余部分均为基于事实和证据的问题,也就是实践中所谓的“疑罪”。参见左卫民等:《中国刑事诉讼运行机制实证研究》,法律出版社2007年版,第216页。

③ 左德起、韩阳:《论审查起诉中的补充侦查》,载《国家检察官学院学报》2003年第3期。

的刑事案件摆脱“事实不清、证据不足”或者“有遗漏罪行和犯人”的状态。然而,补充侦查的实践却远超出法律制度最初的设定。笔者将在下面的论述中证实,补充侦查成为中国案件过滤机制的一个必经阶段,也成为公安、司法机关之间进行协商的重要工具。在补充侦查中,伴随着大量的正式与非正式的沟通与协作,在补充侦查结束之后,依据补充侦查的情况,公安司法机关之间又展开相应的商量和交易。在这个过程中,非必经阶段的补充侦查逐渐演变为必经的阶段,正式的案件过滤机制逐渐演变为例外,大量本应该被正式案件过滤机制救济的刑事案件被各种非正式的案件过滤机制所解决。这些都突出反映了我国刑事诉讼案件过滤机制运作要素方面的非独断——公安司法机关协商进行过滤。

当侦查机关初步侦查完毕,认为有证据构成犯罪并需逮捕时,便会向检察机关提起逮捕的申请。此时,如果检察机关通过审查倾向于作出不予逮捕决定时,协商便被正式启动了。根据我国《刑事诉讼法》的相关规定,检察机关如果决定不予逮捕后,人民检察院应当说明理由,需要补充侦查的,应当同时通知公安机关(《刑事诉讼法》第 88 条)。从法条的原意来看,虽然关于不予逮捕存在着说理机制,但这是一种事后说理,是检察机关在作出不予批捕决定之后的解释。然而,在实践中,这种事后的说明逐渐演变为事前的沟通与交流,即检察机关在准备作出不予逮捕决定时,会主动与公安机关进行沟通,如果公安机关补充相应的证据,检察机关会重新考虑提请逮捕的申请。在部分地方实践中,甚至有将这种非正式的私下交流演变为正式的制度化交流的尝试。比如成都检察机关在 2005 年开始实行的改革中就尝试在作出不批准逮捕决定前,通过电话或直接面对面与公安机关承办人联系,将认为构成犯罪应当具备的证据让公安机关进行补充侦查,在公安机关全力配合按要求提供补充证据,或按要求经补充侦查而无法提供证据后,再作出是否批准逮捕的决定。[①] 可见,虽然不予逮捕是检

---

① 参见薛培、史斌、谷萍:《成都:探索不捕案件说理制度》,载 2007 年 2 月 14 日《检察日报》。

察机关依职权作出的决定，但在非独断机制的运作中，检察机关会事先与公安机关进行沟通。正如福建省J市从事公诉的检察官Z所言："案件不批捕的话，公安会来沟通，和他们解释一下，如果他们能补充证据的话我们会考虑。"[①]如果公安机关补充证据后仍然不足以达到逮捕要求的，此时检察机关仍然不会轻易作出不予逮捕的决定，而是会选择建议公安机关撤回逮捕申请。当然，撤回逮捕申请也可以是公安机关主动提出。总的来说，通过在审查逮捕阶段的补充侦查，部分案件通过补充侦查，完善了事实和证据，检察机关最终作出批准逮捕的决定；部分案件通过补充侦查仍然证据不足，此时，检察机关和公安机关通过商量，以撤回审查逮捕申请的方式过滤案件。

现阶段的司法实践中，在审查逮捕阶段甚至还出现了"捕前会审"的协商型实践。比如四川省人民检察院和四川省公安厅联合下发的《关于加强侦捕、侦诉协调、配合有关问题的通知》中就规定："公安机关提请逮捕前，可以邀请检察机关侦查监督部门参加案件讨论会，共把控案件质量""检察机关侦查监督部门决定批准逮捕前，可以邀请公安机关侦查部门参加讨论案件的会议，听取意见"。这种方式为检法两机关彼此加强协商提供了平台。有报道指出，四川省M市F区检察机关2003年至2005年间共与公安机关召开"会审"共112件、167人，其中建议补充侦查48件、79人，占总数的41%。这些案件许多最终由公安机关撤回审批逮捕的申请。[②] 这种结果既不影响检察机关的"不捕率"，同样也不影响公安机关的"逮捕率"和"退查率"，不可谓不是皆大欢喜。根据媒体报道，这种实践还出现在江苏省的部分地区。[③]通常情况下，只有在协商失败的情况下，检察机关才会最终作出案件过滤的决定——不予批捕。

---

① 访谈编号：FNJZ-1。

② 参见王静：《对捕前会审工作的几点思考》，载《四川检察》2005年第5期。

③ 参见邱春艳、钟检轩：《逮捕必要性论证"实施之后》，载《检察日报》2010年10月27日第4版。

总而言之,虽然在审查逮捕过程中,检察机关依照职权完全能够直接决定不予批准逮捕的案件过滤。然而,在非独断的案件过滤机制中,检察机关往往不会直接作出这样的决定。他们常常会首先要求补充证据,往往还会指明补充证据的方向。如果补充之后证据仍然不足,检察机关仍然不会对所有的案件进行案件过滤。此时,他们还可能会“建议”公安机关撤回逮捕的申请。这种建议带有半强制的属性,公安机关通常也会遵从此种建议。只有公安、检察机关最终仍然无法达成共识的时候,正式的案件过滤机制才可能发挥作用。

在批准逮捕之后,非独断的运作模式还会发生在公诉机关审查起诉的过程中。检察机关作出不予起诉决定之前,通常也会先与公安机关进行沟通与交流,并指明公安机关补充证据的方向。此时,案件的处理又出现了程序倒流——由公诉阶段倒流回侦查阶段。根据我国《刑事诉讼法》的规定,在审查起诉阶段补充侦查以两次为限。实践中,当第一次补充侦查后,证据仍然不足以提起公诉时,检察机关并不会径直进行案件过滤,而是会要求公安机关第二次补充侦查。这一点在学者左卫民等人的实证调查中就有所体现,在所调研的四地检察机关 2001—2005 年的审查起诉操作中,没有 1 件不予起诉是发生在第一次补充侦查之后,所有的不予起诉都发生在第二次补充侦查完结后。[①] 如果第二次补充侦查后仍然证据不足,检察机关仍然不太可能直接进行案件过滤,而是会通过“建议”公安机关撤回审查起诉的方式,促使公安机关自我纠错。只有在通过此种协商仍然无法达成共识时,检察机关才可能会最终作出不予起诉的决定。究其原因,部分检察官指出:“要让公安机关撤回起诉必须要和他们沟通,让他们知道案件确实是因为证据不足,不是在故意刁难,也不是我们不愿起诉……只有在第二次退查后,公安机关才会心甘情愿地撤回起诉。”[②]针对这

---

① 参见左卫民等:《中国刑事诉讼运行机制实证研究》,法律出版社 2007 年版,第 218—219 页。

② 肖仕卫:《刑事判决是如何形成的——以 S 省 C 区法院实践为中心的考察》,中国检察出版社 2009 年版,第 128 页。

一现象,2012 年刑诉法修订时强制规定两次补充侦查之后证据仍然不足的案件,检察机关必须作出不起诉的决定。这一修改的实效仍有待观察。

如果案件已经被提起公诉,则会进入刑事诉讼的审判阶段。在审判阶段中非独断的案件过滤机制仍然在发挥作用。如果法官通过案件审理,认为证据不足以确定嫌疑人有罪时,并不会径直作出无罪判决,而是会首先要求检察机关补充侦查,并且在绝大多数情况下会耗尽两次补充侦查的机会。在补充侦查的过程中,检察机关有时候会主动提出要撤回公诉。然而这种情况十分有限。在绝大多数情况下,在两次补充侦查耗尽之后,如果法官仍然倾向于证据无法认定嫌疑人有罪时,法官便会"建议"检察官撤诉。在建议的过程中,彼此存在着非正式的交流和协商,一般而言,检察机关会接受协商的结果。在极少数情况下,协商无果,检察机关不予撤回公诉,此时法院才会通过宣判无罪进行案件过滤。

通过前文的描述,我们至少能够得出这样的结论:

(1) 补充侦查是中国案件过滤机制的必经阶段

无论是不予批捕、撤回逮捕申请、不予起诉、撤回审查起诉、无罪判决还是撤回公诉,几乎所有的案件过滤都是以补充侦查为前提的。这种补充侦查不以案件是否需要补充为限。即使证据已经十分清晰地证明嫌疑人无罪,案件过滤机制仍然需要补充侦查这样一个环节。对此,有些检察官指出:"一些案件在退查之前,我们就知道了最后的结果,退给公安机关只是让他们更愿意撤回案件。"[①]在没有补充侦查的情况下,直接进行案件过滤的情形在中国的刑事诉讼中较为罕见。可见,有时候退查只是一种协商中的筹码,而并非为了查证事实。

(2) 补充侦查是一种重要的合作模式

在补充侦查过程中,公安、司法机关之间存在着大量的正式与非正式的交流。检察机关通常会给公安机关指明补充侦查的方向,法院

① 左卫民等:《中国刑事诉讼运行机制实证研究》,法律出版社 2007 年版,第 225 页。

通常也会告知检察官案件证据存在的问题。

(3) 以建议方式知会公安机关

在补充侦查之后如果证据仍然不足,相关主体也不会首先启动自身的案件过滤机制,而是会以“建议”的形式要求前一阶段的主体自我纠错。在这个过程中,需要大量的沟通和商量。只有充分的协商,公安机关才会心甘情愿地撤回逮捕申请、撤回审查起诉申请,检察机关才情愿撤回公诉。于是,绝大多数案件过滤的案件是通过此种方式被消化了。

(4) 只有在双方协商无法取得结果时,正式的案件过滤机制才最终被启动

此时,部分案件被不予逮捕、不予起诉或者被宣判无罪,但它们往往只是少数。

学者陈瑞华曾指出:“中国刑事诉讼法实际将公、检、法三机关设计成为三个几乎完全独立的司法机构,使它们都拥有一些本应由中立司法机构所拥有的权力。这样,中国刑事诉讼就不会形成那种以司法裁判为中心的格局,而必然成为公、检、法三机关相互配合实施的流水作业活动。”[①]在他看来,中国刑事诉讼中存在着“三个包青天”,在各自权威中充当着权威的裁断者。比如侦查阶段,侦查机关可以决定是否允许律师会见当事人,在审查起诉阶段检察官可以决定是否要对嫌疑人重新起诉,即使法院明确表示反对。笔者认为,陈瑞华教授主张的“三个包青天”独立断案的模式,在案件过滤时并不适用。因为,当前一阶段移送的案件在法律上具有案件过滤可能时,相关主体往往不会径直进行案件过滤。四川省自贡市自流井区的检察官的观点便是明证:“对事实不清、证据不足的案件,在处理方式方法上不要轻易作出不批捕决定,应充分利用审查批捕的七天时间,主动、及时联系,通报情况,交流看法,并及时向办案人员指出需要补充的证据材料,使侦

---

① 陈瑞华:《刑事诉讼前沿问题》,中国人民大学出版社 2005 年版,第 335 页。

查机关在审查期间补齐证据，以达到批捕条件。”[①]此时，通常会发生正式或者非正式的诉讼回流，要求相关主体补充证据，并且往往还会伴随着对证据如何补充的“善意指导”。

在诉讼回流过程中，双方正式和非正式的交流仍然存在。补充证据之后，如果案件过滤的主体仍然认为倾向于作出案件过滤的决定。此时，“商量”就会成为案件过滤走向的重要环节。由于检察机关和公安机关均对案件过滤比率都十分重视，过高的不予逮捕比率、不予起诉比率和无罪比率对公安、司法机关都有重大的负面影响。因此，即使公安机关两次补充侦查之后仍然证据不足时，检察机关也不会直接启动案件过滤，因为过高的不予起诉比率对检察官和检察院而言都有重大的负面影响。因此，检察机关此时会与公安机关商量，让公安机关撤回审查起诉。同样，过高的撤回审查起诉比率对公安机关而言也是一个负面的影响，因此检察机关就必须通过一系列策略的运用让公安机关尽量心甘情愿地接受检察机关的“建议”。这其中补充侦查就成为最为重要的工具。如果通过两次补充侦查，案件仍然处于“事实不清，证据不足”的状态，这至少说明，是公安机关自己的侦查获取的证据无法支持检察机关提起公诉，而并非检察机关刻意地不予起诉。因此通过穷尽补充侦查的方式就使得检察机关获得了道义上的正当性，考虑到公安机关侦查刑事案件的合法性需要依赖检察机关，因此此时公安机关通常会接受检察机关的建议。法官要求检察官补充侦查的考量，也基本与检察官一致。在此过程中，法院与检察院之间、法官与检察官之间正式与非正式的沟通、交流、商量和交易最终决定了案件过滤机制的走向。在最终作出决定之前，案件过滤主体仍会与移送案件的主体进行沟通和交流。在此种沟通与交流之下，双方往往能够达成一定的共识。于是，此时再作出案件过滤的决定，就是一种彼此商量的结果。

可见，案件最终能否案件过滤以及以何种方式案件过滤就取决于

---

① 《调查报告：不捕率持续大幅度走高的原因及对策》，载《自贡检察》2007年第5期。

"商量"过程中的各方博弈。除非有外力介入,各方的博弈的重要筹码就是补充侦查的结果。如果协商过程中法院占据了上风,通常的结果可能是检察机关在法院善意的"建议"下撤回公诉。如果在博弈过程中检察机关占据了优势,案件过滤就可能会以一种"留有余地的判决"的形式得以运作。如果协商的结果中双方形成均势,无法达成共识,法院才可能通过宣判无罪的方式进行案件过滤;这种情况同样会发生在检察机关与公安机关的协商过程中。在协商型的案件过滤机制中,公安司法机关通过对规避正式的案件过滤机制而诉诸非正式案件过滤机制的方法,在某种程度上完成了彼此的利益交换。这便是有些学者指出的"诉判交易"[①]或者"诉侦交易"或曰"诉审合意"[②]。

在这份重庆市某区检察院的报告中,我们能够加深对非独断案件过滤机制的理解与认识:

2009 年 7 月至 2010 年 3 月,S 区检察院共决定不予逮捕 45 人,其中绝对不捕 23 人、存疑不捕 9 人、相对不捕 13 人。绝对不捕的 23 人,除未结案 2 人外,S 区公安机关对其中的 18 人作出了撤销案件的处理,对 3 人重新提捕。S 区检察院对这 3 人批捕逮捕并起诉,法院判处这 3 人有期徒刑并宣告缓刑。对存疑不捕的 9 人,除 2 人未结案之外,公安机关对 6 人作了撤销案件的处理,对 1 人移送审查起诉,S 区检察院作出不予起诉的决定。相对不捕 13 人,除 1 人未结外,公安机关对 1 人作出撤销案件的决定,移送审查起诉 11 人,其后又撤回审查起诉并作撤案处理 2 人。剩余 9 人,S 检察院均作出,起诉决定,法院判处 2 人拘役、6 人缓刑、1 人单处罚金。

---

① 法院就提起公诉的主要证据复印件进行实质审查后认为可作无罪判决,本着避免无罪判决和检法配合的意思,建议撤回起诉,甚至开庭后,经合议欲作无罪判决,提前与公诉部门沟通,建议撤回起诉。这样,公诉部门在法院判决前将案件撤回起诉,再对被告人作不起诉决定或建议侦查机关撤案。参见刘英旭、杨纾:《要重视公诉环节诉讼程序回转中的问题》,载 2011 年 12 月 9 日《检察日报》。

② 吴小军、董超:《刑事诉审合意现象之透视——以撤回公诉和无罪判决为样本》,载《人民司法》2011 年第 15 期。

上述材料中的数据，说明了不予逮捕在司法实践中具有促使侦查机关启动案件过滤机制的重要作用。对检察机关不予逮捕的刑事案件，侦查机关绝大多数作出了撤案处理。这是非独断运作的一种常态。当然，侦查机关也并非完全接受检察机关的处理结果，对不予批捕中的少量案件（除相对不捕外），侦查机关仍然再次提起了审查逮捕。针对其中的绝大多数案件，检察机关又作出批准逮捕并提起公诉的决定。不可否认，在报告中，一定略去了警检之间大量非正式的交流与协商。这是一个典型的协商型案件过滤机制运作的结果。在检察机关不予逮捕的案件中，有一部分通过协商，最终被案件过滤了，有一部分通过协商，最终仍然获得了有罪判决。这是一种彼此间不“撕破脸皮”的一种合作。博弈的天平往哪个方面倾斜，主要取决于基于证据所获取的案件事实。

同样值得注意的是，对于实体真实和打击犯罪的司法需要，又决定了公安、司法机关不宜以一种过度对抗的方式来处理日常的工作关系。中国的刑事司法自始就被政治意识形态化，司法机关被称为“专政工具”。刑事司法的根本任务在过去是“镇压敌人”，在如今是“打击犯罪”。公安、司法机关要在各级党委的领导下开展工作，而各地党政机关的首要职责是“维稳”，保一方平安，因而，公安、司法机关自然也就要服从维护稳定的工作大局。[①] 毕竟，如果三机关自己为了工作就发生“内乱”，又焉有“稳定”？可见，司法实践的需要也会进一步“软化”原有的“硬约束”。

3．案件过滤缺乏终局性

前文已经论及，通过相互协商，许多本应该被以不予逮捕、不予起诉和宣判无罪等形式过滤的刑事案件被以撤回逮捕、撤回审查起诉和撤回公诉的情况解决。只剩下十分有限的部分由于协商不成而被过滤。也就是说，正式的案件过滤机制往往是公安司法机关就某个案件协商失效的结果。此时，我国刑事诉讼提供给各主体的制度工具，就

① 参见梁玉霞：《逮捕中心化的危机与解困出路——对我国刑事强制措施制度的整体检讨》，载《法学评论》2011 年第 4 期。

会大幅度降低案件过滤决策的终局性。具体来看,当检察机关作出不予批捕或者不予起诉决定时,公安机关可能会提出复议和复核。近年来,公安机关提起的不批捕复核①呈现出显著的上升趋势。同时,对于法院的无罪判决检察机关无一例外会提起抗诉。复议、复核以及抗诉的结果将有可能导致案件过滤的决策被修正,从而影响其终局性。然而,这种紧张关系只是协商之后的一种例外,据统计公安机关提出复议和复核的比例仅占不予批捕比率的3%②,检察机关的抗诉比率也一直维持在一个较低水平。

(二)美国案件过滤机制的运作要素——独断

与中国案件过滤机制的运作要素形成鲜明对比,美国刑事诉讼案件过滤机制的方式要素呈现出内、外运作的独断性。这体现在案件过滤缺乏内、外的制约,案件过滤的结果通常具有终局性。

1. 内部审批的缺乏

各主体案件过滤权力的内部运作具有鲜明的独断特征。在美国刑事案件过滤的运作过程中,就每个具体案件而言,个人负责是一项基本原则。无论承办案件的助理检察官是"老将"还是"新兵",他都有权就案件的调查和起诉个人作出决定,"这种个人负责制,显然为检察职能行使过程中的独断性倾向提供了条件"③。内部过滤权力行使的独断性,使得美国案件过滤的决定不需经历中国刑诉实践中公安司法机关内部的层层审批。实际上,不仅是检察官,美国的警察和法官

---

① 所谓的不批捕复核是指人民检察院根据下级公安机关的提请,对下级人民检察院所作的不批准逮捕决定进行审查,以决定是否改变下级人民检察院的不批准逮捕决定的一种诉讼活动。参见覃如雕:《刑事诉讼视野下的不批捕复议复核制度》,载中国法学网 http//www.chinapublaw.com/emphases/20071115130030.htm,访问时间2012年1月4日。

② 参见陈建强:《不批捕复议复核制度的问题及完善对策——以2007至2009年全国公安机关不服人民检察院不批准逮捕决定要求复议复核案件为分析样本》,载《天津法学》2011年第2期。

③ 杨诚、单民主编:《中外刑事公诉制度》,法律出版社2000年版,第107页。

的行为在某种程度上都是独立的。著名比较法学家达玛什卡曾就此做过有趣的比喻："初始的决策者们就像奥林匹斯山诸神一样自由且握有权柄，尽管他们松散地服从于宙斯：尊卑之位并未得到严格的界定；上下级官员基本上享有同样的尊荣和权力。"①

2. 各主体之间缺乏制约

各权力主体之间在实施案件过滤时也具有鲜明的独断特征，彼此缺乏必要的沟通和联系。也因此不需进行中国刑事司法系统的各种协调，以及面对由此产生对案件过滤的掣肘。② 美国的检察官与警察之间的沟通和交流较为有限，尤其在案件过滤方面。这种现象在美国也被视为常态。正如 Harris 指出的那样，美国警察在侦查阶段享有完整的自治权（autonomy），当他们完成侦查，就会将案件移交给检察官。检察官就会开始对案件进行起诉的准备工作。虽然有些时候检察官会向警察询问具体案件的进展，警察也会在遇到棘手搜查和扣押时咨询检察官的意见，但是这种现象是非正式的，并且在美国许多司法区也是不存在的。在美国检警之间的分立（separation）和警察不需要对检察官负责的实践被视为常态，并且实际上没有引发太大的问题。③

事实上，美国警察对检察官的不满，主要集中在彼此间糟糕的联系之上，这主要体现在 3 个方面：

（1）检察官过滤案件时很少咨询警察的意见；

（2）检察官很少向警察反馈案件的最终处理结果；

---

① 〔美〕米尔伊安·R. 达玛什卡：《司法和国家权力的多种面孔——比较视野中的法律程序》，郑戈译，中国政法大学出版社 2004 年版，第 40 页。

② 中国公安、司法机关进行案件过滤时需要与其他机关充分沟通与协商，比如检察机关如果要作出证据不足不起诉的决定，则需要先与公安机关沟通证据，并在退查两次的基础之上再作出过滤决定。具体内容可参见王禄生：《论我国公诉案件的无罪处理机制》，载《江西社会科学》2012 年第 3 期。

③ 参见 David A. Harris, "The Interaction and Relationship between Prosecutors and Police Officers in the U. S. , and How This Affects Police Reform Efforts, University of Pittsburgh School of Law," *Working Paper No. 2011-19* (*June 2011*)。

（3）有的时候检察官显得是那么难以接近（inaccessibility）。[①]

在一份关于警检关系研究中，Mcintyre 发现只有 22% 的受访警察指出和他们合作的检察官会定期告知案件的处理结果和进行辩诉交易的原因。[②] McDonald 的调研也反映了相似的情况，仅有 14% 的受访警察指出检察官会告知他们撤案、驳回和辩诉交易的情况。[③] Petersilia 等人对美国 6 个城市的警员进行访谈后得出的结论多少有些令人吃惊："6 个城市中的侦查人员和他们的上司都不知道自己的案件有多少被检察官接受，有多少被检察官拒绝。"[④]

关于警检交流匮乏的问题，美国学者从 20 世纪 70 年代就开始广泛地予以关注。其中，大部分学者认为这种合作十分困难。首先，二者对案件的看法不同，使得合作困难重重。检察官是律师经由选举后产生，他们接受的教育和训练与一般的警察有天壤之别。不同的视角决定了各自在政策和优先度方面的许多不同。美国检警之间缺乏沟通，直接导致了许多警察移交的案件被检察官拒绝或者被撤销指控。根据 1986 年美国司法局的一项调查，当时被检察官办公室拒绝的警察部门移送的刑事案件高达总案件数量的 22%。检察官决定进行案件过滤时，通常不会选择和警察部门沟通协作——以补充证据的形式完善某些案件的证据，相反，检察官通常都是直接撤销案件。

正是因为意识到警检之间交流的有限性，美国从 20 世纪 70 年代就开始了一系列关于加强检警合作关系的改革。总的来说，有向协商型努力转变的趋势。McDonald 就总结了这类地方加强检警合作的各

---

① 参见 W. F. McDonald, et al., *Police-Prosecutor Relations in the United States: Executive Summary*, Washington: USGPO, 1982, p. 6。

② 参见 D. M. Mcintyre, "Impediments to Effective Police-Prosecutor Relationships," *13 Am. Crim. L. Rev.* 201(1975)。

③ 参见 W. F. McDonald, et al., *Police-Prosecutor Relations in the United States: Executive Summary*, Washington: USGPO, 1982, p. 197。

④ J. Petersilia, et al., *Police Performance and Case Attrition*, Washington: USGPO, 1987, p. 34.

种改革①：

(1)“合作委员会”模式(Coordinating Council)

这是由警察局、检察官办公室和一些其他机构的代表组成的一种信息交流机制。

(2)“检警联络人”模式(Police-Prosecutor Liaison)

这是一种在许多司法区实行的改革模式。虽然改革的方式各不相同,但总体而言是任命一名警员或者一些警员专门负责向检察官办公室移送案件,并且同时从检察官办公室处获取补充证据的要求。

(3)“申诉程序”模式(Appeal Procedure)

一般而言,警察部门对于检察官办公室作出的案件过滤决定没有救济途径。为了改变这种现状,美国一些司法区规定对于一线检察官的不予起诉的决定可以向他们的上司上诉。

(4)“正式案件过滤部门”模式(Formal Intake Screening Unit)

通过在检察官办公室内部设置专门的案件过滤部门,在入口阶段对警察移送的案件进行审查,并且马上向警察反馈对案件质量的担心和进一步侦查的方向。

(5)“信息反馈”模式(Written Feedback)

以书面的形式向警察部门反馈案件的处理信息。

虽然采取了如此多的改革,但是美国检警之间的合作仍然十分有限。这种机制仅仅起到了有效增进互信的目的,检警之间共同制定法律执行和起诉政策,以及解决机构之间纠纷,都还没有被完全纳入到这种模式中。在信息反馈中,由于警察部门并不把案件过滤作为考核表现的指标,因此对于这种反馈并不积极。调查显示,在许多采取这种改革的司法区中,检察官办公室的书面反馈意见,并没有被送达到具体办案警官手中。换言之,办案警官还是不知道案件的处理结果。并且更为重要的是,由于尚未建立起针对案件过滤率的一种考核机制,因此如何评价这种书面反馈,也成了一个问题。

---

① 参见 W. F. McDonald, et al., *Police-Prosecutor Relations in the United States: Executive Summary*, Washington: USGPO, 1982。

当案件被移送至法院(第一次出庭)之后,美国刑事诉讼中的案件过滤机制仍然表现出强烈的独断性的特征。法院总是依职权启动各种案件过滤机制,在此过程中并不存在所谓的庭外交流。这一点与中国法官的角色定位有很大差异。在中国,法官会将自己视为政法机关的一部分,因此会与检察官和警察配合,共同实现打击犯罪的目标,故而中国的法官不仅会在启动案件过滤机制时与检察官进行沟通,同时还会帮助检察官“塑造”案件的证据,从而使得案件证据更符合定罪的要求。在美国,法官被视为中立和消极的角色,他们与警察、检察官有不同的定位——后两者被视为法律执行机关,而法院被视为司法机关,与检警合作共同塑造案件证据的行为既不符合法官的主观意愿,也不符合美国的制度实践。

3. 案件过滤决策的终局性

最后,美国案件过滤运作要素的独断性还体现在案件过滤决定几乎不受审查。这可以从四方面来分析:

(1) 检察官一旦决定对某案件进行过滤,无论是受害人、警察还是法官通常都没有影响这一行为的权力。Healy 就曾指出:“在美国绝大多数司法区中,检察官对于是否起诉享有极大的权威。”①“检察官决定起诉的案件还有审判等环节进行审查,而检察官不起诉的案件则无人审查。”②

(2) 如果法院在预审中驳回起诉,这个决定基本不受审查。现阶段仅有 12 个州规定可以对法官驳回起诉的决定提起上诉。

(3) 大陪审团的案件过滤行为也是不受挑战的。检察官如果对大陪审团的案件过滤持有异议,他只能向另外一个大陪审团提交申请。③

---

① J. Petersilia, et al., *Police Performance and Case Attrition*, Washington: USGPO, 1987, p. 7.

② 杨诚、单民主编:《中外刑事公诉制度》,法律出版社 2000 年版,第 108 页。

③ 参见〔美〕约书亚·德雷克斯、艾伦·C. 迈克尔斯:《美国刑事诉讼法精解:第一卷·刑事侦查》(第 4 版),吴宏耀译,北京大学出版社 2009 年版,第 128 页。

（4）对无罪判决禁止检察官上诉。[1] 可以说，案件过滤行为的终局性也客观上为相关主体的过滤决策提供了极大的便利，从而进一步强化了案件过滤权力的独断性。

四、中国案件过滤机制的具体表征

主体要素的国家垄断性、目标要素的纠错导向性和运作要素的非独断性的结合，形成了具有中国特色的案件过滤机制。此种过滤机制呈现出如下特征：

（一）内部审批与外部制约：全面的内外审查

在纠错导向的影响下，刑事诉讼中任何行为都面临着审查。审查阶段并不是被理解为一项非常事件，而是被视为在常规事件流程中可以预见的后续步骤。[2] 通过纠正错误来实现“质量控制”，被认为是公正和有序司法活动的必要保证。此种纠正错误在内外两个维度得以进行。从外部纠错来看，案件过滤机制的启动是基于相关主体认为前一阶段传导而来的刑事案件存在“认知错误”，如果刑事诉讼继续，将会导致无罪之人受到不必要的刑事追诉。因此，需要在不同阶段采用不同的机制对这部分案件进行案件过滤，以实现纠正错误、提升刑事打击的准确性的目的。除了外部纠错之外，中国的公安、司法机关还通过内部审批制度的建立进行内部纠错。这种实践与中国公安、司法机关权力行使的高度职务化密切相关。个人的行为被视为组织的行为，因此个人的错误将会被视为组织的错误。组织内部倾向于建立起内部审批以防止此类错误传导到系统之外，因此，组织就具有强烈的动机以避免错误的产生——强烈的自我纠错的倾向。内部审批程序

---

① 参见 U. S. v. Sanges, 144 U. S. 310 (1892). Ball v. U. S., 163 U. S. 662, 671 (1896). Smalis v. Pennsylvania, 476 U. S. 140 (1986)。

② 参见〔美〕米尔伊安·R. 达玛什卡：《司法和国家权力的多种面孔——比较视野中的法律程序》，郑戈译，中国政法大学出版社 2004 年版，第 72 页。

是在案件过滤主体的内部场域中以一种日常性、全程化的权力控制机制，通过检查、授权、反馈等方式，对侦查权力进行直接、微观、持续性的监督①，从而在过程控制的同时启动自我纠错，不断提升着刑事诉讼准确的可能。

（二）个案与整体：统一的政策考量

由于案件是否存在错误是官员/机关是否作出案件过滤决定的关键，因此在此种机制之下，案件过滤是为了防止刑事诉讼中可能产生的各种错案。每个案件过滤决定作出前，官员都不能把自己所处理的事务视为一种个别化的行为，而是必须服从于防止司法错误这一统一的政策。由于其他原因而启动的案件过滤在此种机制中往往被视为“另类”，而不具备正当性。比如日本采用起诉便宜主义，日本检察官可以对部分证据完全充足的案件进行“暂缓起诉”的无罪化处理，并且这种比例高达25%。这些非因纠错而采取的案件过滤实践，一定会让中国的许多检察官深感不安。虽然现阶段中国确实存在着针对未成年人的、宽宥导向型的案件过滤（非罪化处理）和针对轻微刑事案件进行刑事和解的、功利导向型的案件过滤，但是这些都不是刑事诉讼案件过滤的主流。在日常生活中，不断重复发生的仍然是那种以纠正错误为导向的，力图发现案件事实真相，实现刑罚打击犯罪精确性的案件过滤机制。

（三）较低的案件过滤率：正式制度案件过滤功能的弱化

由于案件过滤意味着纠错，而纠错是建立在出现错误的基础之上。因此，采取案件过滤无疑是对前一阶段相关主体行为的否定。比如，检察机关不予起诉，可能意味着检察机关认为公安机关移送的案件不应该起诉，是错案。这种错案的认定是以相应主体的认识为基础的。侦查环节的诉讼行为错与不错是以检察机关认识为标准的，“检

---

① 参见马静华：《侦查权力的控制如何实现——以刑事拘留审批制度为例的分析》，载《政法论坛》2009第5期。

察环节上诉讼行为错与不错，很大程度上是以审判案件的法院的认识为标准的”[①]，也就是说，在流水线的刑事诉讼中，后一机构可以直接决定前一机构所作决定的正确性，如果一个案件被案件过滤，不管具体原因如何，前一机构的行为都会或多或少被盖上错误的标记，具体承办人员也会遭受各种各样的利益损失。

因此，从整体而言，中国刑事诉讼正式的案件过滤比率是比较低的。主要原因有：

（1）在纠正错误前通过部门之间的有效沟通（非独断的运作），避免了刑事案件的无谓损耗，有些因为部门间沟通不足而导致的案件过滤被有效避免。

（2）以纠错为导向的案件过滤机制中，案件过滤比例越高，则意味着相应主体刑事诉讼行为的错误越高。考虑到公安、司法机关之间的协商关系，许多原本应该通过法定的案件过滤的案件被以各种潜规则变相地过滤掉了。这也推导出中国纠错协商型案件过滤机制的另一个特征——非正式的案件过滤机制大行其道。

（四）非正式案件过滤机制功能的强化

通过前文的介绍，我们发现正式的案件过滤机制通常并未充分发挥作用，而非正式的“潜规则”却在很大程度上起到了案件过滤的作用。主要原因就在于正式的案件过滤机制不仅程序复杂，而且会给公安司法机关的考核带来负面的影响。[②] 比如，不起诉既影响公安机关考评，也会使检察机关被扣上打击犯罪不力的帽子，从这一点上说，法定的案件过滤机制远远没有司法实践中自生自发的各种“潜规则”来得“经济”。这些潜规则不仅能够在实际上起到案件过滤的作用，并且往往还不受监督和救济。这实际上是中国司法实践中公安、司法机关出于自身利益的考虑，在刑事案件纠错目标的指引下的一种执法交

---

① 李建明：《刑事错案的深层次原因——以检察环节为中心的分析》，载《中国法学》2007 年第 3 期。

② 参见郝双梅：《刑事撤案若干问题研究》，载《天津法学》2011 年第 2 期。

易。在这里,我们看到了大量公诉机关"建议",侦查机关"欣然接受"和审判机关"建议",公诉机关"欣然接受"的制度实践。这种倾向性的意见表达和不撕破脸皮的默契配合,才是中国刑事诉讼案件过滤机制的重要表征。协商型的案件过滤实践为非正式的案件过滤机制("隐性司法")的运作提供了良好的空间。

五、美国案件过滤机制的具体表征

主体要素方面的公众参与、目标要素的多元导向以及运作要素的独断性相结合,使得美国刑事案件过滤机制呈现出与我国截然不同的特征。

(一)不强调纠错——常规审查的缺位

美国刑事诉讼案件过滤机制并非以纠错为唯一追求,因此缺乏像中国那样的常规的、内外结合的审查制度。在美国的体制中,审查被视为非正常的现象,被严格限制在必要的范围之内。比如美国的刑事诉讼中就没有建立起常规的上诉等制度,大部分刑事案件都不能上诉。在此种缺乏审查的氛围之中,相应官员在作出案件过滤时,并不必然被视为纠正错误,其案件过滤的行为也不一定会被视为对前一阶段官员行为的否定。比如暂缓起诉和转处程序,就并非对警察侦查行为的否定,而是出于促使犯罪人重新回归社会的独立价值思考。除了缺乏外部审查之外,美国的刑事诉讼中也缺乏内部的审批机制。这与美国刑事诉讼权力运作的非职务化密切相关。在美国,警察、检察官和法官的行为通常被视为具有鲜明的个人属性。正如达玛什卡指出的那样,在英美法系国家中,官僚制的迟缓发展使得职务和职务承担者之间不完全分离。法官对法院负有制度性责任这一观念发展得较为缓慢。当法院某一法官作出一项决定的时候,就相当于法院在这一事项上作了决定,这种观念在美国也未获认可。在美国,一位法官对当事人申请的拒绝并不能阻止同院另一个法官在稍后作出相反的决定。[①] 可见，由于权力行使的个性化，美国的侦查、起诉和审判主体并没有像中国公安、司法机关一样有组织纠错的冲动。此外，科层化制度的缺失也使美国不可能建立起像中国一样的内部审批程序。同时，美国的社会部门的组织决策高度的分权化，即决策往往是在较低层次作出的，这与中国内部审批机制由高层次作出决策的实践截然不同。美国与其他工业化社会相比，大多数领域中的决策集权化程度一直都较低，并且往往反对部门决策集权化。[②] 这些因素都使得美国刑事诉讼无法充分建立起以常规审查为特征的内外纠错机制。

（二）个案与整体：多元的政策考量

由于案件过滤从整体上是基于多元的价值考量，或基于效率，或基于定罪率，因此，美国的刑事诉讼案件过滤，并未表现得像中国这样较为统一——提高准确性的价值追求，而是表现出较为多元的政策取向。在此种理念之下，刑事诉讼的基本任务并非是发现案件的实体真实。实际上，美国刑事诉讼对发现事实真相的强调十分有限。在论及有关刑事程序的宪法规定时，多数人的共识是“对事实真相的追求……并不是刑事程序发挥作用的唯一原则，甚至可能连最重要的原则也不是……”直到今天，美国法院仍然时常宣布：司法权力的“基本属性”中并不包括事实发现。一个较为晚近的例子是 Northern Pipeline Co. v. Marathon Pipeline Co。[③]

---

① 参见〔美〕米尔伊安·R. 达玛什卡：《司法和国家权力的多种面孔——比较视野中的法律程序》，郑戈译，中国政法大学出版社 2004 年版，第 60—61 页。

② 参见〔美〕W. 理查德·斯科特、约翰·W. 迈耶：《社会部门组织化：系列命题与初步论证》，载〔美〕沃尔特·W. 鲍威尔、保罗·J. 迪马吉奥主编：《组织分析的新制度主义》，姚伟译，上海人民出版社 2008 年版，第 140 页。

③ 参见〔美〕米尔伊安·R. 达玛什卡：《司法和国家权力的多种面孔——比较视野中的法律程序》，郑戈译，中国政法大学出版社 2004 年版，第 59 页脚注 43。

（三）较高的案件过滤率

在本书的第一章和第二章的论述中，笔者详细引注和计算了中美两国刑事诉讼各阶段案件过滤的比率。两国案件过滤率的差异令人印象深刻。中国从表面上看案件过滤比率大致不会高于10%，美国从表面上看案件过滤比率超过30%。美国这种高案件过滤比率与其案件过滤机制的三大要素息息相关。在美国，案件过滤并不意味着纠正错误，因此后一机关采取案件过滤的方式并不意味着对前一机关工作的否定。换言之，后一机关的案件过滤行为并不会在多大程度上影响前一机关的利益。此外，由于在进行案件过滤时各机关没有协商——事实上也不需要协商，因此可能一些本来可以不过滤的案件被案件过滤了，这个过程中有大量的无谓损耗。这个问题在前文已经有所证明。因此，在这种功利、独断的案件过滤之下，美国远高于中国的案件过滤率，并不让人意外。

第四章　中美案件过滤机制的成因分析

在第三章中，笔者已经详细描述了中美两国案件过滤机制的运行情况，并指出两者具备截然不同的类型特征。本章中将展开分析为何中美两国会形成宛如“镜像”一般的案件过滤机制。不可否认，中美两国案件过滤机制的迥异，受制于诸多方面的原因。它可能涉及国家政策、民众意识等诸多方面的因素，是在一定的制度环境中，国家、组织（侦查、起诉和审判主体）与个人（警察、检察官和法官）行为的互动和选择。为了更好地分析中美两国不同的案件过滤机制的成因，我们必须首先选定用以分析的理论框架。

一、机制成因分析的理论框架

（一）环境/制度与组织行为的三大研究理论

案件过滤从本质上是一种组织行为，是侦查、起诉和审判主体采用各种标准，以不同的方式所进行的职权行为。组织行为学的基本理论认为要了解组织行为，就必须了解行为所处的环境。组织所进行的一切活动，都是为了适应组织所处的环境，是对环境适应和调整的结果。因此，我们要想了解侦查、起诉和审判主体及其内部的警察、检察官和法官的抉择和行动，就势必要关注三机关所处的制度环境和制度环境所传导给其的压力与限制。也就是说，中美两国案件过滤制度是在更大的权力和社会结构的场域中形成的。在分析机制特征成因时，我们势必需要借助制度分析路径。制度分析的一个关键任务就是确定和描述这些场域，并揭示它们如何影响和制约运行于其中的组织。

20 世纪 70 年代以来，关于组织与环境的制度分析研究中出现了三大理论：新制度主义（new institutionalism）[①]、资源依赖理论（resource dependence theory）和组织生态学（organization ecology）。虽然这三大理论均重视研究环境对组织行为的影响，然而三者实际上却有重大的理论差别。笔者认为，这三大理论的差别主要如下：

1. 对环境的理解有很大的不同

组织生态学认为，组织所处的环境基本是不变的，正如自然界的环境在较长的时间内是相对稳定的，因此在组织生存与死亡的时间段内，环境是既定的。与之不同的是，新制度主义和资源依赖理论均认为组织所处的环境是动态的。这其中，资源依赖理论对于环境的认识更加重视环境中的物质条件，比如资金等，而新制度主义对于环境的认识则更加全面和深刻。新制度主义将这种环境统一定义为制度环境（institutional environment）。除了物质环境之外，还包括人类活动长期形成的习俗、习惯、信仰和管理等非正式制度。Meyer 等人甚至将制度解读为文化、价值观或者社会期望。[②]

2. 对组织与环境的互动认识不同

资源依赖理论认为，组织在应对外部力量时，组织变革和适应的可能性很大。组织生态学认为环境对组织的生存与否产生了关键影响，即通过环境选择的方式将优秀的组织选择出来，实现优胜劣汰。

---

① 需要指出的是，"新制度主义"是对社会科学中重视制度要素的学术流派的一种概括性称谓。它们共同的特征是批判行动主义对制度的忽视以及对理性选择的崇拜。行为主义认为，制度是个人理性选择的聚合，制度只是影响行为选择的一种边缘性因素。新制度主义则认为，制度并非个人理性行为选择的总和，个人的选择要深受制度环境的影响和限制，无法实现所谓的"理性"。新制度主义的流派众多，分类方法也有较大差异。在我国，被广为接受的是彼得·豪尔和泰勒的历史制度主义、理性选择制度主义和社会学制度主义的三分法。本书所指的新制度主义，是三者中将自己标示为组织理论，且与社会学关系最为密切的社会学制度主义。相关论述请参见〔美〕卡罗尔·索尔坦、埃里克·尤西拉纳、维吉尼亚·郝夫勒：《新制度主义：制度与社会秩序》，陈雪莲译，载《马克思主义与现实》2003 年第 6 期。

② 参见 John W. Meyer, Brian Rowan, "Institutionalized Organizations: Formal Structure as Myth and Ceremony," *American Journal of Sociology*, *1977*, (2)。

新制度主义则认为,制度环境(社会规则、社会期望和社会准则)会给组织造成压力,从而使组织适应制度环境的要求。[①] 具体而言,在组织生态学和新制度主义的视角中,组织是一个被动适应的主体,通过改变自己的行为来适应环境的要求,而资源依赖理论则把组织视为一个主动适应的主体,通过不断改变自身的行为来塑造生存环境,从而使生存环境朝着有利于自己的方向发展。

三大理论各自有各自的优点和缺陷。在上述理论框架中,笔者将首先排除组织生态学的框架。组织生态学研究的是环境对组织的选择的理论,它实际上是将自然科学中的生态学适用到组织行为的研究中,研究组织在环境中是如何"物竞天择,适者生存"。它将特定环境中的组织视为生态学中的"人口"(population),并认为组织对环境的适应,主要是通过组织间的竞争而实现的,这种理论关注的是组织之间的竞争过程,很少或者根本没有注意到组织之间的协作关系[②],因此它主要是研究组织的设立与解散的理论,并且更加适用于商业组织的分析,而不太适合用以分析国家机关这类不太可能存在大规模"出生与死亡"的特殊组织。

其次,笔者将会把资源依赖理论与新制度主义理论[③]进行结合,用以分析中美两国案件过滤机制的成因。正如前文论述的那样,在"环境"概念的理解之上,新制度主义为我们提供了资源依赖理论所没有的广阔视野,因为组织所处的环境,当然不可能仅仅只是物质环境,而更应该是一种经济、文化和政治等多元因素混合而成的制度环境。对侦查、公诉和审判主体案件过滤行为产生影响的环境,不能仅仅被限

---

① 参见〔美〕杰弗里·菲佛、杰勒尔德·R. 萨兰基克:《组织的外部控制——对组织资源依赖的分析》,闫蕊译,东方出版社 2006 年版,前言第 7—11 页。

② 参见〔美〕W. 理查德·斯科特、约翰·W. 迈耶:《社会部门组织化:系列命题与初步论证》,载〔美〕沃尔特·W. 鲍威尔、保罗·J. 迪马吉奥主编:《组织分析的新制度主义》,姚伟译,上海人民出版社 2008 年版,第 119 页。

③ 关于新、旧制度主义之间的差别可参见石凯、胡伟:《新制度主义"新"在哪里》,载《教学与研究》2006 年第 5 期。

制在对诸如人员、财政和物资等的考量之中，如果这样，将会极大地限制我们分析的视角。当然，新制度主义也并非完美无缺，新制度主义者把组织描绘为一种被动的反应实体，认为组织只有在受到其所处环境强制影响或者环境中某些因素引诱时，才会被动地作出反应。这种论点虽然并非错误，但是却回避了组织是理性行动者，会直接、有目的地指向自己命运以及对自己的命运进行控制这种状况。① 正如布林特等人指出的那样，新制度主义者仅仅完成了制度社会学的一半。② 制度社会学的另一半——组织通过自己行为的变化来塑造有利于自己的环境，正是资源依赖理论着重关注的问题。在组织行为与环境的互动关系中，我们既要承认组织可以通过变化来适应环境的需求，同样也不能忽视组织也可以努力改变环境，让环境来适应组织。这一点在中国显得尤为突出。一方面，公安、司法机关的行为受到经济、社会、政治和法律等制度环境的制约，另一方面，法律、社会规范、价值观和政治的变化，也迫使公安、司法机关为了获取更大的利益而采取行动。在中国立法的部门之争就是最好的证明——通过部门行为改变制度环境。尤其在《刑事诉讼法》的制定和修改过程中，公安司法机关的积极行动，对法律制定和修改的进程具有十分显著的影响。此外，新制度主义在分析组织行为时往往不关注组织内部和组织之间的利益冲突③，不关注组织间关系的形成，而资源依赖理论，则为我们理解组织之间纷繁复杂的关系提供了有益的帮助。因此在分析中美两国案件过滤机制的运作特征时，新制度主义的框架远没有资源依赖理论来得

---

① 参见〔美〕约瑟夫·格拉斯契维茨：《使法人行动者（公司）负责任：明尼阿波利斯-圣保罗市的制度建立过程》，载〔美〕沃尔特·W. 鲍威尔、保罗·J. 迪马吉奥主编：《组织分析的新制度主义》，姚伟译，上海人民出版社 2008 年版，第 315 页。

② 参见〔美〕史蒂文·布林特、杰罗姆·卡拉贝尔：《制度的起源与转型：以美国社区学院为例》，载〔美〕沃尔特·W. 鲍威尔、保罗·J. 迪马吉奥主编：《组织分析的新制度主义》，姚伟译，上海人民出版社 2008 年版，第 368 页。

③ 参见〔美〕沃尔特·W. 鲍威尔、保罗·J. 迪马吉奥：《组织分析的新制度主义》，姚伟译，上海人民出版社 2008 年版，导言第 14 页。

生动和有效。

（二）新制度主义和资源依赖理论的基本观点

1. 制度与制度环境

所谓的制度环境，是指那些以具有完善的规则和要求（如果其中的个体组织想要获得支持和合法性就必须遵守这些规则和要求）为特征的环境。① 组织环境是由文化要素——充当组织模板的、视若当然的信仰和广为传播的规则——构成的。传统的制度主义认为，是行动者建构了那些使他们能够获得想要的结果的制度。② 以此推之，中美案件过滤制度的形成，是因为在中美刑事诉讼中的警察、检察官和法官根据利益的需要而选择了各种行动方式。

然而，这种对制度的认识却有一个重大的弊端：既然制度是基于行动者的偏好简单加总的集体结果，行动者的偏好又来自何处？毫无疑问，行动者不可能毫无限制地进行行为的选择。个人不可能随意地选择法律、习惯、风俗和各种规范。比如，检察官不可能1年只起诉1件刑事案件，从而保证百分之百的有罪判决。行动者的选择时刻受到内化于自身的准则的影响。这种准则就是一种制度，它实际上限制了组织的理性。

因此，新制度主义者强调在分析行动选择时，绝对不能脱离行动者所嵌入的文化和历史框架，这便是所谓的制度环境（institutional environment）。组织的制度环境受到由社会创造的、以神话（myth）形式而存在的、组织普遍持有并不断强化的制度化规则、规范、信念和认知等因素的影响。③ 实际上，所谓的制度环境，实际上就是一种社会共

---

① 参见〔美〕W. 理查德·斯科特、约翰·W. 迈耶：《社会部门组织化：系列命题与初步论证》，载〔美〕沃尔特·W. 鲍威尔、保罗·J. 迪马吉奥主编：《组织分析的新制度主义》，姚伟译，上海人民出版社2008年版，第133页。

② 参见〔美〕沃尔特·W. 鲍威尔、保罗·J. 迪马吉奥：《组织分析的新制度主义》，姚伟译，上海人民出版社2008年版，导言第11页。

③ 参见John W. Meyer, Brian Rowan, "Institutionalized Organizations: Formal Structure as Myth and Ceremony," *American Journal of Sociology*, *1977*, (2)。

同意识。新制度主义十分怀疑,离开组织所嵌入的文化或者历史环境,能否很好地解释组织的行动偏好和倾向。

(1) 根据作用层面对制度的分类

根据作用层面的不同,可以将制度环境区分为以下几个部分:世界系统(world system)、社会(society)、组织场域(organizational polulation)、组织群(organization)、组织子系统(organizational subsystem)。比如,韦伯的科层制就被全世界广泛接受为理性的制度,因此科层制可以被视为世界系统层面的制度。组织群的概念来源于生物学的种群概念,它认为组织群中的组织应该具有共同的特征、相似的核心工作程序模式、对环境变化的类似反应等。[①] 因此,中国检察官系统的绩效考评制度就是组织群层面的制度。

(2) 根据制度的要素进行分类

根据制度的要素进行分类,可以将制度区分为管控型制度(regulative system)、规范型制度(normative system)以及文化认知制度(culture-cognitive system)。管控型制度包括法律、法规等强制约束人们行为的正式制度。规范型制度是价值观与标准,它侧重于他人的价值观和标准对个人和组织行为的影响。文化认知制度是共同的信仰、共享的行为逻辑等社会共同认知,是指个人或组织内在的、理所当然的价值观和信仰。[②]

2. 合法性及其资源

组织通过对制度环境的迎合从而获取行动的合法性(legitimacy)。[③] 新制度主义认为,组织会通过对制度环境的适应,将组织的行为塑造得符合社会共同意识和认知系统的要求,从而获得合法性的支

---

① 参见〔美〕W. 理查德·斯科特、约翰·W. 迈耶:《社会部门组织化:系列命题与初步论证》,载〔美〕沃尔特·W. 鲍威尔、保罗·J. 迪马吉奥主编:《组织分析的新制度主义》,姚伟译,上海人民出版社 2008 年版,第 118—119 页。

② 参见郭毅、徐莹、陈欣:《新制度主义及其对组织研究的贡献》,载《社会》2007 年第 1 期。

③ 参见 John W. Meyer, Brian Rowan, "Institutionalized Organizations: Formal Structure as Myth and Ceremony," *American Journal of Sociology*, *1977*, (2)。

持。换言之,组织通过对“神话”/“意识形态”的主动遵从换取社会对组织行动的认可。社会的“意识形态”在其所能影响的范围内会形塑组织。这种“意识形态”,会要求组织证明他们的活动是以广为接受的正义和进步理性的“神话”为基础的正当活动。[①] Suchman 将合法性定义为一种普遍的理解或假定,即一个实体的行为在某一社会结构的标准体系、价值体系、信仰体系内是可取的、正当的和恰当的。[②] 可见,新制度主义认为,组织行为的合法性并非内生的,而是外部赋予的。组织虽可通过对各类制度的迎合来获取合法性,但最终是否能够获取合法性仍是一个外部评价问题。组织的行为只是获取合法性的必要条件,但并非必然导致获得合法性的结果。前文已经提及,制度可以被区分为管制、规范和文化认知。因此,新制度主义认为,组织会通过对这三种制度的适应来尝试获取外部的肯定,如果组织成功,它就相应地获取了管控合法性(regulative legitimacy)、规范合法性(normative legitimacy)和文化认知合法性(culture-cognitive legitimacy)。如果一个组织忽视制度环境中的合法性需求,它就不能以其活动向人们证实自身的合法性,组织的行为则往往会陷入各种指责和批评之中,付出实在的代价。

(1) 管控合法性

管控合法性是指政府、专业机构或者行会组织根据管控型制度(法律、规章、规则)等标准对组织的行为进行评价,若组织的行为被认为符合这些管控型制度,组织就获得了管控合法性。比如某集团公司对子公司规定了绩效考评制度,规定每个公司必须盈利 1 000 万元。

---

① 参见〔美〕约瑟夫·格拉斯契维茨:《使法人行动者(公司)负责任:明尼阿波利斯-圣保罗市的制度建立过程》,载〔美〕沃尔特·W. 鲍威尔、保罗·J. 迪马吉奥主编:《组织分析的新制度主义》,姚伟译,上海人民出版社 2008 年版,第 310 页。

② 参见 Suchman M. C: “Managing Legitimacy, Strategy and Institutional Approaches,” *Academy of Management Review*. 1995, 20(3): 571-585。转引自尚航标、田国双、李卫宁:《组织社会学新制度主义与管理研究》,载《东北农业大学学报》(社会科学版)2011 年第 2 期。

如果子公司达到了这个要求,就符合了管控型制度的要求,从而也就获得了管控合法性。这一点同样可以从我国最高法、最高检从上到下制定的法官、检察官考评制度中得到体现。各种"最佳基层人民法院"和"最佳基层人民检察院"的评比就是体系内的管控型标准。法院和检察院若获得一定的荣誉称号,往往可以被认为其行动合法性受到了系统内的认可。

(2) 规范合法性

规范合法性是指社会公众以他们接受的价值观念和道德观念对组织的行为进行评价,如果认为组织的行为符合公众的价值和道德的要求,组织就获得了规范合法性。

(3) 文化认知合法性

文化认知的合法性是指组织内部的成员以他们所接受的价值观念和信仰来评价组织的行为,如果认为组织的行动符合相应的标准,则组织就获得了文化认知的合法性。

3. 新制度主义的行动理论与制度同构(Isomorphism)

新制度主义研究的独特之处在于,对行动者的动机、行动者的行动导向和行动者的行动情景,持有较为深刻的看法。新制度主义的个体行动的基本逻辑是:

(1) 个体的目标和偏好并非预设的,而是可以改变的。

(2) 行为并不是充分策略性的,或者说行动的目标并非总是追求利益最大化的,行动要受到个体的认知限制,还要服从于文化价值。①

在此种行动逻辑的影响下,新制度主义者对行动和制度之间的关系作出了如下描述。

(1) 制度通过预先排演某一行动过程和限制资源的特定分配模式,使某些选择不可能作出,从而制约个人行为。

(2) 除了制约之外,制度同时还树立了人们发现、确定和实现其

---

① 参见曹胜:《制度与行为关系:理论差异与交流整合——新制度主义诸流派的比较研究》,载《中共天津市委党校学报》2009年第4期。

偏好的恰当标准,即制度影响了人们的认知标准[1],产生了某种行为可欲与不可欲的界分,并最终影响行为。

(3)制度还会塑造组织的社会角色,规定组织的职责和义务,以此对组织行为进行限制。这种限制既可以是基于管制性制度(比如法律),也可以是基于规范性制度,同样也可以是基于文化认知制度。如果组织无法通过行动适应制度设定的角色定位,组织的行为将会失去合法性。也就是说,制度为个体行动预设了一种社会共识,当这种社会共识被制度化为社会范围内的行动常识时,个体的行动就自觉或者不自觉地受到此种常识的指引。

总的来说,新制度主义关于行动的研究有两个重要的贡献。(1)制度并非个体理性行动的聚集,个体的理性需要受到各种制度的限制,制度实际上限制了个体理性的发挥。(2)新制度主义还着重研究了组织生活中习惯性的和视若当然的层面。制度通过对行动者前景预期的影响,以某种方式逐渐被行动者视为一种当然现象而被接受(take it granted),行动者视一种制度为当然现象,并不意味着行动者理解这种制度。[2] 因此,行动往往并非有目的的理性选择,而是一种在制度环境中潜移默化地逐渐形成的、"下意识"的行为。这种"下意识"往往是基于认知而产生的角色定位。比如,父母需要抚养子女这一制度安排,就是父母基于认知而产生的一种角色定位,这种选择并非基于一系列复杂的成本和收益的计算而进行的理性选择。因此,它本质上应该是"半自发"和"非计算"[3]的。同样,中美两国刑事诉讼中的各种案件过滤实践,往往并非是官员有意识的选择,而可能是基于特定制度环境下一种"下意识"的、"视若当然"的行动。这种"下意

① 参见〔美〕沃尔特·W.鲍威尔、保罗·J.迪马吉奥:《组织分析的新制度主义》,姚伟译,上海人民出版社2008年版,导言第12页。

② 参见〔美〕罗纳尔德·L.杰普森:《制度、制度影响与制度主义》,载〔美〕沃尔特·W.鲍威尔、保罗·J.迪马吉奥主编:《组织分析的新制度主义》,姚伟译,上海人民出版社2008年版,第160页。

③ 〔美〕沃尔特·W.鲍威尔、保罗·J.迪马吉奥:《组织分析的新制度主义》,姚伟译,上海人民出版社2008年版,导言第28页。

识”的行动选择，往往发生在高度制度化的情况中。如果一个人要另一个人去实施一个业已被高度制度化的行为，只需要告知他如何去做，而不需要告知为什么要这样做。因为，行动的高度制度化实际上就是由“道德行为”转变为“事实行为”的过程，即由为什么要这样做转变为简单的实施某种行为。[①] 正如斯科特所言，共享的认知系统是人类创造的，这种系统越是被制度化，人类的行动就越会在一种“视若当然”的层面进行。[②] 这些便是新制度主义反对理性选择的基本主张。

组织对制度环境的适应还会产生一个重要结果，那就是在一定的组织场域中，制度逐渐同构。这一理论也是新制度主义的重要贡献。出于追求合法性的考虑，组织的行为受到组织利益相关者评价标准的影响。[③] 组织利益相关者及其评价标准形成一个类似磁场的东西，对组织施加影响，这便是组织场域。组织场域中的组织之间形成了或紧密或稀松的组织关系。组织场域一旦形成，就会出现强大的不可抗拒的力量，从而导致组织同构。

所谓的组织同构是指组织经过制度化的过程吸收并同化相应的制度规则，同一组织场域中的制度在一定时间内逐渐同质。笔者认为，同构可以分为强制同构和自致同构两种。前者是指社会共识形成一种正式或者非正式的“强制力量”，从而使得组织“被迫”采取某些制度设计，这突出反映在组织对法律制度的反应之中。强制性同构产

---

① 参见〔美〕林恩·G. 朱克尔：《制度化在文化延续中的作用》，载〔美〕沃尔特·W. 鲍威尔、保罗·J. 迪马吉奥主编：《组织分析的新制度主义》，姚伟译，上海人民出版社 2008 年版，第 88—89 页。

② 参见〔美〕W. 理查德·斯科特：《制度理论剖析》，载〔美〕沃尔特·W. 鲍威尔、保罗·J. 迪马吉奥主编：《组织分析的新制度主义》，姚伟译，上海人民出版社 2008 年版，第 179 页。

③ 参见尚航标、田国双、李卫宁：《组织社会学新制度主义与管理研究》，载《东北农业大学学报》(社会科学版)2011 年第 2 期。

生的结果往往都是仪式性的，或者象征性的。[①] “自致同构”则是指组织基于环境的变化而自发地做出某种行动，它往往表现为一个机构以另一个机构为模板，在外观(look)、感觉(feel)和运作(operation)上进行转变。[②] “自致同构”往往更为深刻，较少表面性。[③] 比如我国刑事诉讼中的简易程序制度的创立，最初就是部分法院基于提高诉讼效率的考虑而自主进行的改革，并且这个改革在其后一段时间内被许多法院所模仿。在这一阶段中的同构是小范围的自致同构，当简易程序作为司法改革的一部分被最高人民法院在全国范围内推广时，许多同构可能就是基于对管控制度的适应而产生的强制同构。

4. 组织行动的脱耦(decoupling)

制度秩序形塑了组织的趋同行为。然而，我们必须强调，每一个制度都有一个或者几个中心逻辑，这些逻辑并不总是相互兼容或者互补的。用新制度主义者的观点来看，就是制度环境并非“铁板一块”，而是多重的和相互替代的。弗利南德和阿尔弗德认为组织生存在不同的制度场域之中，每种制度场域都遵循不同的行动逻辑，不同的逻辑强调接受不同的评价并且遵守不同的优先性。[④] 在制度环境的区分

---

① 当然，还有学者将“强制同构”细分为“权威方式的强制输入”(authority)和“压迫方式的强制输入”(coercive power)，并指出前者的同构效果会比后者更具稳定性。参见〔美〕W. 理查德·斯科特：《制度理论剖析》，载〔美〕沃尔特·W. 鲍威尔、保罗·J. 迪马吉奥主编：《组织分析的新制度主义》，姚伟译，上海人民出版社 2008 年版，第 189 页。

② 参见 Calvin Morrill and Cindy McKee, “Institutional Isomorphism and Informal Social Control: Evidence from a Community Mediation Center,” *Social Problems*, *1993*, (*4*)。

③ 参见〔美〕W. 理查德·斯科特：《制度理论剖析》，载〔美〕沃尔特·W. 鲍威尔、保罗·J. 迪马吉奥主编：《组织分析的新制度主义》，姚伟译，上海人民出版社 2008 年版，第 193 页。

④ 参见〔美〕罗格尔·弗利南德、罗德特·R. 阿尔弗德：《把社会因素重新纳入研究之中：符号、实践与制度矛盾》，载〔美〕沃尔特·W. 鲍威尔、保罗·J. 迪马吉奥主编：《组织分析的新制度主义》，姚伟译，上海人民出版社 2008 年版，第 252—285 页。

之中,新制度主义者首先将“技术”与“制度”逻辑区分。所谓的“技术(technical)逻辑”,是指这样的一种逻辑,它要求组织对其生产系统进行有效和充分的控制,从而提高组织的效率;所谓的“制度(institutional)逻辑”要求组织的行为必须符合一般社会信仰的需求,它往往与直接经济或者生产绩效无关,但却维持着组织的形象,并确保组织的存在。[①] 技术逻辑和制度逻辑可以是共存的,但同样也可以是矛盾的。比如,追求利润最大化是企业的主要目标,因此,利润状况是评价企业合法性的重要“技术指标”,然而企业追求利润最大化的行动,也必须适应社会共识对于企业责任的共同要求,比如提供最低的工资标准、为职工购买“五险一金”和承担一定的社会责任。又比如公交公司必须依照规定线路运营,而不管线路上是否有足够的乘客。可见,在此种环境下,技术逻辑和制度逻辑就产生了矛盾和分离。具体而言,有时对制度逻辑的遵循,不一定要同时兼顾技术逻辑,反之亦然。

Meyer 等人曾经指出:“组织倾向于采取被社会共识所界定的策略和程序,以提高组织的合法性和生存的几率,而不论采纳此种策略和程序的直接效用如何。”[②]Hall 和 Taylor 也作出了相似的论述:“如果一个组织采取一种制度实践,可能并非因为这种制度提高了组织的效率,而更可能是因为它能够提供组织的社会合法性。”[③]这便是新制度主义的一个重要发现:组织环境中的效率因素与制度因素之间存在的矛盾,也就是仪式与绩效之间的矛盾。有些时候,如果组织遵从制度逻辑的要求,往往会严重背离效率;如果组织遵从效率因素的指引,往往会破坏组织对仪式符号的遵从,从而丧失部分利益相关者的支持。当然,不同组织对制度逻辑和技术逻辑的强调程度不尽相同。对非营

---

① 参见〔美〕W. 理查德·斯科特:《制度理论剖析》,载〔美〕沃尔特·W. 鲍威尔、保罗·J. 迪马吉奥主编:《组织分析的新制度主义》,姚伟译,上海人民出版社 2008 年版,第 181 页。

② John W. Meyer, “Brian Rowan, Institutionalized Organizations: Formal Structure as Myth and Ceremony,” *American Journal of Sociology*, *1977*, (*2*).

③ Peter Hall and Rosemary Taylor, “Political Science and the Three New Institutionalisms,” *Political Studies*, *Vol. XL IV*, *No. 5*, *1996*.

利性组织而言，比如司法系统，合法性更可能依赖于与技术逻辑对应的制度逻辑。[①] 也就是说，司法系统的合法性更大程度上来源于其是否符合社会共识的基本要求，而不是取决于司法系统的投入产出比。

当组织面临不一致或者冲突的制度环境时，组织的合法性就会受到威胁，因此组织会通过各种策略来平衡这些矛盾的制度约束，规避风险。[②] 这其中，最为重要的方式就是制度与行动的“脱耦”（decoupling）——将组织的正式结构与组织的实际行动松散地“耦合”在一起。具体而言，脱耦表现为正式建立的制度符号化，而机构的实践与符号断裂。[③] 比如，在人民调解委员会过去 10 年的发展过程中，逐渐建立起一套准司法化的正式的调解程序，但与此同时，真正发挥重要作用的却是传统的调解方法和非正式的调解制度。通过对符号化制度的规避运用，人民调解组织不仅维持了法治化的外衣，同时也在实际上获取了本土的正当性。这便是明显的脱耦。

5. 组织场域中的组织关系

组织场域是指那些由组织建构的、在总体上获得认可的一种制度生活领域，这些组织包括关键的供应者、资源和产品消费者、规制机构以及提供类似服务或产品的其他组织。组织场域被认为是由一系列受到相同制度影响的组织所构成的、明确的组织范畴，处于场域中的组织彼此间存在差异，互为依赖。[④] 在组织场域中，许多因素都会影响

---

① 参见〔美〕W. 理查德·斯科特、约翰·W. 迈耶：《社会部门组织化：系列命题与初步论证》，载〔美〕沃尔特·W. 鲍威尔、保罗·J. 迪马吉奥主编：《组织分析的新制度主义》，姚伟译，上海人民出版社 2008 年版，第 133—135 页。

② 参见邓锁：《双重制度逻辑与非营利组织的运行——一个新制度主义视角的解释》，载《华东理工大学学报》（社会科学版）2005 年第 4 期。

③ 参见王禄生：《审视与评析：人民调解的十年复兴——新制度主义视角》，载《时代法学》2012 年第 1 期。

④ 参见〔美〕保罗·J. 迪马吉奥、沃尔特·W. 鲍威尔：《关于“铁笼”的再思考：组织场域中的制度性同形与集体理性》，载〔美〕沃尔特·W. 鲍威尔、保罗·J. 迪马吉奥主编：《组织分析的新制度主义》，姚伟译，上海人民出版社 2008 年版，第 70 页。

到场域中的组织关系,这其中特定的资源依赖关系对于组织场域中组织关系的影响最大。资源依赖理论认为组织根植于相互联系的网络之中。组织所需要的各种资源,包括财政资源、物资资源以及信息资源都是从环境中得到的,因此组织不得不依赖这些资源的外部提供者。正如菲佛所言:“为了获取所需的资源,组织必须与环境中的其他因素进行交易。这无论是对公共组织、私人组织、小型或者大型组织来说,抑或是官僚和组织机构来说,都是真实的情况。”①一组织对另一组织的依赖程度,与所依赖组织能够提供的资源成正比,与资源的可替代性成反比。② 没有一个组织可以自给自足,组织必须依赖外部环境为其提供资源,即资金、人力、信息、社会合法的支持等。③

当然,资源依赖理论更大的特点还在于其将组织视为一个具有主观能动性的主体,它不像新制度主义那样仅仅强调组织对制度环境的适应。事实上,社会学的诸多研究也证实,组织具有一定程度上以自己行为改变所处的制度环境,从而使得自己处于更加有利的地位。尽管组织明显地受到所处形势和环境的制约,但还是有机会做自己的事情,如与拥有其所缺乏的资源的组织建立联盟,以获得更多的临时自主权,从而获取更多符合组织利益的权力等。笔者将在下文的分析中证实,侦查、公诉和审判主体在不同的制度环境中形成了不同的资源依赖关系,这种资源依赖关系催生了不同的案件过滤关系类型,同时为了改变制度环境,相应主体还通过自身的策略选择,在案件过滤时保留了更大的自主性。资源依赖理论认为组织运作的动机就在于确

---

① 〔美〕杰弗里·菲佛、杰勒尔德·R. 萨兰基克:《组织的外部控制——对组织资源依赖的分析》,闫蕊译,东方出版社 2006 年版,第 2 页。

② 参见 James D. Thompson, “Organizations in Action: Social Science Bases of Administrative Theory,” *New York: McGraw-Hill*, 1967。转引自马迎贤:《资源依赖理论的发展和贡献评析》,载《甘肃社会科学》2005 年第 1 期。

③ 参见李红宇:《基于资源依赖理论探析中国大学自治——以“985 工程”建设为例》,载《江西社会科学》2011 年第 2 期。

保组织的存续并提升自主性(autonomy)。[①]

(三)新制度主义和资源依赖理论视角下的中美案件过滤机制

1. 合法性对于中美两国刑事司法系统至关重要

合法性对于中美两国刑事司法系统的正常运作是至关重要的。司法系统能够实现其功效,较大程度上是因为多数人在多数时间赞同法律的规定,只有该系统的组成部分拥有合法性和这样的权威,人们才会信任它们。人们遵从或至少部分地遵从该系统的要求,在一定程度上因为他们相信警察和法庭,认为他们公正。[②] 如果刑事司法系统失去合法性基础,公众可能就不准备报案,不为法庭提供证据或者不出庭,等等——刑事司法系统就失去了赖以有效运作的基础。

中美两国侦查、公诉和审判主体进行各种的案件过滤,都是为了获取组织参与社会行为的合法性。用更通俗的话来说,就是为了获取国家和社会的认可。组织行为学学者佩洛曾指出:"官僚机构存在的关键性问题不在于它们是否会消失,或者是否会被其他的组织形式所取代,而是这些大型的社会组织中存在的巨大固有权利的控制权问题。"因此,作为国家机关,侦查、公诉和审判主体通常并非总是需要面对生存问题,它们所要优先考虑的,是自己的法定职权如何实现的问题。

法定职权的实现无疑需要一系列的资源,而这些资源并不是国家机关自己能够产生的。以法院为例,法院的正常运转无疑需要一定的案件和资金,这就是通常所说的"案源"和"财源"。如果在一个社会中,诉讼由于效率和公正等诸多方面的缺失而"失去民心"的话,民众可能选择法院之外的纠纷解决方式。此时,法院正常运转需要的"案

---

① 参见 Gerald F. Davis, J. Adam Cobb: "Resource Dependence Theory: Past and Future", http://webuser.bus.umich.edu/gfdavis/Papers/davis_cobb_09_RSO.pdf。

② 参见〔美〕朱利安·罗伯茨、麦克·豪夫:《解读社会公众对刑事司法的态度》,李明琪等译,中国人民公安大学出版社 2009 年版,第 36 页。

源”就无法保障，与之对应，法院所需要的“财源”也极有可能被削减。这种情况并非危言耸听，并且是实实在在发生在中国现阶段的纠纷解决机制之中。人民调解的复兴就在很大程度上分流了部分原来属于人民法院的案源，从而使法院也感觉到了一定威胁。而人民调解之所以能够复兴，原因就在于它建立了不同于诉讼的纠纷解决途径，并且实实在在地解决了问题——获取合法性。[①] 可见，如何让民众自愿选择去法院解决纠纷，就会成为法院能否获取足够生存资源的关键。民众是否愿意选择法院，则很大程度上取决于法院活动是否在一定时期内具有合法性。在这一点上，中美两国的侦查、起诉和审判机关并无不同。这便是新制度主义的主要观点之一——组织的行为通常是为了获取合法性。

此外，组织获得外部支持主要通过使社会满意（agreement），而不是主要通过组织自身的表现（performance）来实现。[②] 因此，进行案件过滤，组织选择采取行动时，往往十分关注外部评价。当外部评价强调纠错时，组织就倾向于纠错；当外部评价强调效率时，组织就倾向于功利。如果相关主体在案件过滤时不主动去适应这样的“神话”，它们将无法获得支持其生存的正当性，并会招致公众的忽视、当事人怀疑和政府的责难，其生存所必需的外部资源就会无法保证。举例而言，中国选择协商型的案件过滤机制，也许并不能最大程度上实现案件的处理效率，甚至在某种程度上延长案件的处理周期（诉讼回流），然而在新制度主义者看来，效率的降低并非不可接受的，只要这种降低能够换来外部评价的提升，比如效率的降低同时换来了案件过滤比率的降低，这种行为就是值得选择的。

2. 不同的制度环境塑造了中美两国不同案件过滤类型

合法性资源对于各国案件过滤机制殊为关键。因此，中美两国的

---

① 参见王禄生：《审视与评析：人民调解的十年复兴——新制度主义视角》，载《时代法学》2012 年第 1 期。

② 参见 John W. Meyer, Brian Rowan, “Institutionalized Organizations: Formal Structure as Myth and Ceremony,” *American Journal of Sociology*, 1977, (2)。

案件过滤机制之所以呈现出截然不同的特征，正是因为两国侦查、公诉和审判主体所处的截然不同的制度环境(institutional environment)。这种不同的制度环境/社会共识与两国刑事诉讼中的基本价值追求息息相关，是刑事诉讼理念、公众对于公正的认识等一系列正式或者非正式的制度与规则、理念与认识、道德与价值的一种综合体，是一种有着不同层次体系的社会共识。这种共识是一国在发展过程中，在域内和域外经验的吸收和消化的过程中，逐渐在社会中沉淀起来的一种认识，也就是 Meyer 等人口中的“神话”(myth)或者“意识形态”(ideology)。[①]

这种制度环境给两国刑事诉讼国家机关设定了不同的价值判断标准和行为模式，从而也为它们设定了行为的边界和限制，最终使相关主体为了获取参与社会的合法性而迎合制度环境。对刑事司法场域而言，此种制度环境在很大程度上是一国的法律文化。“作为人类文化重要组成部分的法律文化，主要指内化在法律思想、法律制度、法律设施以及人们的行为模式之中、并在精神和原则上引导或制约它们发展的一般观念及价值系统。它本质上是一种观念、原则和价值体系，但它内在于思想、制度、设施以及人们的行为模式之中，并通过它们表现出来。”[②]迥异的制度环境/法律文化，导致两国案件过滤机制朝着十分不同的方向发展。

前文已经提到，组织采取相应行为是为了获取参与社会的合法性，而合法性主要是由“社会满意”决定的。因此，如何获取社会满意，就成为组织选择行为模式的重要考量基础。一般情况下，社会对于组织满意与否，关注的是组织行为的表现，它通过一系列的指标和流程得以体现。这便是新制度主义所言的“指标系统”。具体而言，不同的制度环境对组织提供了不同的合法性要求，为案件过滤主体设定了相应的认知模式，从而也产生了不同的评价合法性的标准。

---

① John W. Meyer, Brian Rowan, Institutionalized Organizations: Formal Structure as Myth and Ceremony, *American Journal of Sociology*, *1977*, (*2*).

② 张仲秋：《比较视野中的法律文化》，法律出版社 2003 年版，第 29 页。

在案件过滤主体进行案件过滤时,社会评价它们行动合法性的标准,无疑首先是各种最为直观的“案件过滤率”,如未定罪率、不予起诉率、撤诉率、驳回率和无罪判决率等。因此,这些指标就会成为相关主体获取社会合法性的重要资源。举例而言,如果一个社会认为应该通过逮捕定罪率来评价警察机关工作表现,逮捕定罪率无疑就会成为一种合法性指标。警察只有符合此种指标评价体系,才能最终受到社会的认可。可见,为了使得生存状态能够趋于稳定,中美两国的案件过滤主体会调整自身的行为,从而适应两国各自不同的制度环境,最终形成了相差悬殊的案件过滤实践。

3. 中美案件过滤机制中的同构与脱耦

毫无疑问,制度环境为组织限定了理性追求的目标,从而引导组织行为朝着此种目标迈进。虽然中美两国制度环境存在着较大的差别,但是在一国范围内,此种制度环境在宏观层面却是基本一致的。比如美国刑事诉讼强调诉讼效率,而中国刑事诉讼则强调打击犯罪,这种较为统一的制度环境,会使在此种环境中的侦查、起诉和审判主体的案件过滤机制逐渐趋于相同。比如,中国的案件过滤机制均以纠错导向为核心,并且在纠错过程中贯穿着主体之间的大量协商与有限制约;美国的案件过滤机制的目标导向是十分多元的,在此过程中,主体之间的沟通十分有限。

当然,正如前文对制度环境所作的划分那样,制度环境可以被分为世界系统、社会、组织场域和组织群等不同层次。即使在一国的范围之内,不同层次的制度环境的要求也不会完全相同。当不同制度环境产生了不同的合法性评价标准时,组织就往往通过脱耦的方式获取不同层次的合法性。因此,我们就会在中国的案件过滤机制中看到正式的案件过滤制度的适用率极低,非正式的案件过滤制度(法外司法)适用率却很高。当非正式制度受到限制时,中国的公安司法机关又会诉诸其他方式。同样,在美国的案件过滤机制中,我们也会发现提高诉讼效率的考量逐渐被提高定罪率的导向所取代。虽然两者均有功利的成分在内,但是这种脱耦却也十分显著。笔者将会在下文的论述中证实,中美案件过滤机制中发生的脱耦是相应主体为了适应不同层次制度环境的评价标准而采取的行为。此种行动不仅能够在表面上适应宏观制度环境的诉求，从而获取宏观层面（世界系统、社会）的合法性，同样也能够适应中观（组织场域）和微观（组织）的制度环境，从而获得中观和微观层面的合法性。

二、中国案件过滤机制的成因分析

（一）中国案件过滤机制运作的制度环境

前文将组织所处的制度环境划分为世界系统、社会、组织场域、组织群和组织子系统等几个层面。根据环境的层级不同，笔者将会从宏观、中观和微观三个层面描述中国公安、司法机关案件过滤行为所处的制度环境。这种文化上、观念上所形成的法制心理和法律意识，对中国刑事诉讼案件过滤机制的影响是不可估量的。

1. 宏观的制度环境——社会系统中的意识形态

（1）积极的实体真实探知主义

中国的刑事司法自古就坚持实体真实探知主义的理念。从历史上看，无论是皋陶治狱“遇不平，令神兽触之”，还是带有传奇色彩的狄仁杰、包拯断案故事，都显示出法官为了查明真相、辨明是非，甚至不惜采取一些特殊的调查手段。[①] 当然在行政兼理司法的传统之下，法官对于实体真实的强调，实际上也就是整个刑事诉讼系统中侦查、起诉、裁判和执行主体共同的强调。因此，发现案件事实无疑是中国传统刑事司法理念的核心内容。更为重要的是，经历了“文革”的十年动乱，经历了不依据案件事实而仅依靠口供而产生大量“冤假错案”之后，中国民众的心中本能地对发现案件真实产生了依赖，并由此产生了针对不尊重事实的抵触和反感。这种理念在很大程度上影响了当

---

① 参见陈瑞华：《中国刑事司法的三个传统——以死刑复核制度改革问题为切入点的分析》，载《社会科学战线》2007 年第 4 期。

时的立法者。[1] 这种影响也延续到了今天。

在此种“社会意识”的影响下,刑事诉讼制度设计的首要目标是发现并准确查明案件事实——“准确地查明犯罪事实”。案件过滤的机制自然也要服从于发现案件事实这一最高目标。在中国,发现案件的事实真相被认为是司法公正的依托,如果刑事诉讼无法发现事实真相,毫无疑问不具有正当性。既然刑事诉讼的根本任务是准确地查明案件事实,而刑事诉讼中存在的错误又不可避免,合理的应对方式便是“有错必纠”。于是,案件过滤的各项制度就被赋予了纠正错误的任务。因此,中国的刑事诉讼中十分强调“有错必纠”,刑事诉讼的绝大多数行为都不是终局性的,它需要面对组织内外的反复审查。比如公安机关的侦查行为既可能被检察机关纠正,同样也可能被上级公安机关纠正;检察官不予起诉的行为可能在检察院内部的检委会讨论中就被否定(纠正),同样也可能因为被害人向上级检察院申诉而被纠正。

这种无处不在的纠错导向,自然也影响到了嵌入在刑事诉讼体系中的案件过滤机制。虽然案件过滤机制本身是一种纠错,但是这种纠错实际上并非终局性的,这种纠错的决定仍然可能被纠正。举例而言,检察机关要求公安机关撤销刑事立案的案件过滤(纠正公安机关错误立案)的行为也有可能最终通过公安机关申诉的方式被上级检察机关纠正(对纠错的纠错)。可见,强调准确发现案件事实的制度环境,为刑事诉讼中的案件过滤主体划定了案件过滤的基本导向,从而使中国的案件过滤机制具有鲜明的纠错导向。在此种社会意识中,非以纠错为导向的案件过滤实践将会受到极大的质疑,比如刑事和解制度可能导致的案件过滤就被批评为“以钱买刑”。

(2)“不枉”与“不纵”——探寻事实的不同排序

通过刑事诉讼查明案件事实,使得有罪之人得到应有的惩罚,避免无罪之人受到刑事追诉,这便是刑事诉讼的基本价值追求。毫无疑问,可靠的刑事诉讼的结果应该是有罪之人被绳之以法,无罪之人被

---

① 参见顾昂然:《立法札记——关于我国部分法律制定情况的介绍》,法律出版社 2006 年版,第 450—453 页。

宣布清白。这样的事实真相是刑事诉讼追求的理想目标。在强调准确查明事实的制度环境中,刑事诉讼应该既要避免有罪之人逃避惩罚,又要避免无罪之人受到错误追诉。也就是说,刑事诉讼程序应该既设定防止有罪之人逃避惩罚的机制,同样也要设置避免无辜之人被错误追诉的案件过滤机制。然而,这种判断忽视了一个重要问题,即在立法政策上"错误定罪"和"错判无辜"是否具有同等的不受欢迎的程度。对此,大陆法系采取的是"对有罪无罪保持中立"的态度①,中国刑事诉讼采取的是"预防错放有罪"的态度。② 左卫民教授也曾指出:"刑事司法实践在很大程度上仍然是由'惯习'(habitus)所驱使,它依然未摆脱打击犯罪的工具面相。"③这种惯习便是打击犯罪优于人权保障。由于案件过滤从形式上采用的是释放嫌疑人的方式,因此其在价值层面上必然会与具有优先属性的不纵形成冲突。故此,就整体而言,在中国的社会认识中对过高的案件过滤比率是持否定态度的。案件过滤的虽然具有避免无辜之人被定罪的价值,但同时也可能导致有罪之人被放纵的负面影响。这种对不枉和不纵优先性排序的差异,导致了中国在案件过滤方面十分谨慎。案件过滤的整体比率在很大程度上并非首先被视为正面的指标,而往往与公安司法机关办案不力相联系。这一点对于生活在中国制度环境中的人们来说并不陌生。有学者就指出:"在不少司法人员心目中,打击犯罪是天经地义的任务,纵然打错了也没有多大关系,但若在犯罪面前手软,放纵了犯罪,那就是可耻可恨的'右倾'。"④

---

① 参见 Tom Stacy, The Search for the Truth in Constitutional Criminal Procedure, *91 Colum. L. Rev.* 1369(1991)。

② 如果说要在正当程序和实体正义之间寻找平衡的话,中国人可能更加强调实体正义或者是犯罪控制。参见 Woo, M. Y. K., *Law and Discretion in the Contemporary Chinese Courts*, *Pacific Rim. Law & Policy Journal*, 8(1999)。

③ 左卫民:《在权利话语和权力技术之间:中国司法的新思考》,法律出版社 2002 年版,第 79 页。

④ 马长生、陈燕:《我国诉讼监督的一个难点及其突破——析"严禁"语境下的刑讯逼供》,载《时代法学》2012 年第 1 期。

总之,有错必纠和对不纵的强调构成了中国刑事诉讼特定的、在社会层面的宏观意识形态,这种意识形态要求刑事诉讼结果的精确性以及对打击犯罪的优先考量。如果公安、司法机关的案件过滤行为没有符合此种“神话”的要求,它们的行为将会失去合法性。

2. 中观的制度环境——组织场域中的制度环境

组织场域是指那些由组织建构的、在总体上获得认可的一种制度生活领域,这些组织包括关键的供应者、资源和产品消费者、规制机构以及提供类似服务或产品的其他组织。我国案件过滤的实践就深受组织场域中各种主体的影响。在刑事司法实践中,形成了一种“刑事司法场域”,除了提供刑事司法服务的公安司法机关之外,它还包括规制主体——党委和人大,关键资源的提供者——政府,产品的消费者——被害人及社会公众等主体,它还包括对社会意识产生重要影响的媒体,同样也包括上级公安司法机关。①

(1) 同级党委、政府和人大

作为执政党的中国共产党是我国社会主义各项事业的领导核心。当然对刑事诉讼中的公安司法机关具有领导的权力,而政府与党委通常是以一个整体来共同影响公安、司法机关的行动。虽然,现阶段执政党对政法工作的干预方式由直接干预向间接干预的方式转变,即通过政治、思想、组织、财政的方式对公安、司法机关进行间接的干预。然而,必须指出的是执政党通过政法委员会对刑事诉讼的个案,尤其是重大、疑难案件施加直接影响的现象仍然是存在的。一旦有重大、疑难案件发生,如果公安、司法机关在是否案件过滤方面存在较大的争议,政法委出面的协调就成为中国刑事司法实践的常态。

作为国家权力机关的人民代表大会也是制约刑事诉讼案件过滤

① 应当指出的是,组织场域是一个相对的概念,在笔者看来,对特定公安、司法机关具有影响的主要是同级党委、政府、人大和直接的上级公安、司法机关,而上级党委、政府、人大和非直接上级的公安、司法机关对特定公安、司法机关行为的影响应当属于间接的,因此不在笔者讨论的中观制度环境的组织场域的范围之中。

机制运行的重要主体。从法律上来讲,法官和检察官均需由地方人民代表大会任命,法院和检察院还需要对人民代表大会负责并报告工作。因此人大可以通过听取报告的方式制约公安司法机关的整体运行。与听取报告不太相同的是,人大还可以通过质询的方式对公安司法机关的具体诉讼行为进行个案监督。其中,案件过滤的问题就会成为人大重要关注的对象。不少地方人大均出台了监督公安、司法机关行为的地方性法规和规章,直接指明对“不起诉”“无罪判决”等案件过滤实践进行监督。比如,安徽人大就出台了《安徽省各级人民代表大会常务委员会监督司法工作的若干规定》,明确对无罪判决等群众反映强烈的案件,人大常委会内务司法机构可以听取司法机关有关办理情况的汇报。

(2) 媒体、被害人和社会公众

被害人(包括被害人的亲属)和公众并非同一个利益群体,但公众在情感上容易同情被害人,因而被害人的感受和要求很容易影响公众,扩大为公众的感受和要求。这其中,媒体为“被害人”与“社会公众”的情感联系提供桥梁。作为刑事司法场域中的“消费者”,被害人和社会公众对案件过滤的认识无疑对于案件过滤具有深刻的影响。尤其是在建设和谐社会的语境之下,这种影响就更加直接和明显。比如最高检于 2011 年 9 月发布的《“十二五”时期检察工作发展规划纲要》中就明确规定:“推行不立案、不批捕、不起诉、不抗诉等释法说理制度,依法释疑解惑,加强心理疏导,防止和减少涉检信访。”可见,检察机关案件过滤需要考量社会公众和受害人的情感。同样,最高检检察长曹建明在第十一届全国人民代表大会常务委员会第二十三次会议上所作的报告中也指出:“(检察机关要)更加注重维护社会和谐稳定。在办理重大敏感案件和作出不立案、不批捕、不起诉等决定时,评估是否存在可能激化矛盾的风险,及时制定依法稳妥处理和化解预案,努力实现坚持依法办案与有效化解矛盾的统一。”可见,媒体、被害人和社会公众是中国刑事司法场域的有机组成部分。

当事人的态度,尤其是受害人及其家属的态度会在很大程度上影响案件过滤的进行。轰动全国的湖南女教师裸死案就是一个明证,公诉机关在被害人家属上访的压力之下作出了起诉的决定，最终被法院判决无罪。相似的例子无疑还有轰动一时的“杜培武案”“佘祥林案”和“赵作海案”。尤其是在“佘祥林案”被证明是错案后，湖北高级人民法院发言人就声称：“省高院二审期间，承受了来自外界的巨大压力，‘死者’的亲属上访并组织220名群众签名上书，要求对杀人犯佘祥林从速处决。省高院不为‘民愤’所左右，于1995年1月10日作出(1995)鄂刑一终字第20号刑事裁定，坚决撤销一审判决，将该案发回重审，避免了冤杀无辜，维护了司法审判的独立性和法律的严肃性。”①检察官仇新华也曾指出：“经审查，案件有一定数量的证据，但又达不到事实清楚、证据确实充分的起诉证据标准，即通常所说的认定有据，否定有理的两难案件。对这样的案件，是提起公诉还是决定不起诉？检察机关可以根据案件的具体情况和当时的情势作出抉择。尤其是那些重大、有影响的故意杀人案件，被害人一方反应强烈，引起社会广泛关注。此时，如果径行以证据不足作出不起诉决定，被害人近亲属一时难以接受，可能会激化矛盾；而选择增加一道关口，起诉到法院过庭审这道关，可能可以达到好的社会效果，被害人家属通过旁听庭审，可以更加全面地了解案情，对事实清不清楚、证据充不充分会听得明白，看得清楚，从而达到更好的社会效果。”②

同样，媒体对案件的报道也会在较大程度上影响特定案件的过滤，这具体体现在以下三个方面：一是侦查机关或检察机关在立案当初向媒体提供了重要的案件事实，媒体已经转述了他们对案件事实的看法和态度，但后来随着侦查工作的深入，发现案件事实与当初的认定出入很大；二是媒体自己对案件事实和情节作了较多的渲染性的报道，已经煽动起民众的某种情绪，但检察机关认为证据不足以证明犯

---

① 梅华峰等：《丈夫被错判杀妻续：妻子家属曾要求从速执行死刑》，载2005年4月1日《湖北日报》。转引自陈瑞华：《留有余地的判决——一种值得反思的司法裁判方式》，载《法学论坛》2010年第4期。

② 仇新华：《对待无罪判决应持宽容态度》，载《检察日报》2009年8月11日第3版。

罪嫌疑人的犯罪事实,立案、批捕或起诉缺乏充分的条件或理由;三是媒体对事件作了事先的评判,从法律角度作出了"有罪"的判断,而检察机关则认为事件并不涉及刑事责任,或者说尚无充分证据证实犯罪嫌疑人实施了犯罪。[①]

(3) 上级公安、司法机关

在中国的刑事诉讼场域中,还包括上级公安、司法机关。由于在机构设置上采用的科层制,上级公安、司法机关对于下级公安、司法机关的行动具有直接的影响。下级公安、司法机关的工作被视为上级公安、司法机关工作的有机组成部分。[②] 因此,下级公安、司法机关的业绩会成为上级公安、司法机关业绩的重要部分;同样,下级公安、司法机关工作中出现的问题也会影响上级公安、司法机关受到的整体评价。这个体系无疑会使上级公安、司法机关成为刑事诉讼场域的组成部分。当然,必须指出的是,此种上下级的联系,通常限于直接上级的公安、司法机关。举例而言,虽然最高人民法院和某基层人民法院存在着一定的联系,但是由于层次相隔过于遥远,因此在分析时,通常不会将其视为组织场域中的一个主体。

总的来说,中层的制度环境形成了这样一种社会意识:过高的案件过滤比率是一种工作不力的指标。在此种制度环境中,过高的案件过滤率首先会使公安、司法机关在系统评价中处于劣势,较高的案件过滤比率更是会直接受到来自政府、人大、被害人、新闻媒体和其他公众的质疑,被认为是公安、司法机关办案不力,放纵犯罪。举例而言,如果 A 基层人民检察院的不予起诉比率要高于 B 基层人民检察院,在检察系统的视角中,A 检察院的办案质量就低于 B 检察院。此外,过高的案件过滤比率还会使相关主体在"政法机关"的工作比较中处于劣势,比如 C 县公安局的逮捕转诉率为 90%,而与此同时,C 县检察院

---

① 参见李建明:《刑事错案的深层次原因——以检察环节为中心的分析》,载《中国法学》2007 年第 3 期。

② 这一点可以从最高检和最高法的年度工作报告中得出,在这些报告中,全国的法院和检察院的工作都被视为最高检和最高法工作的一个部分。

的公诉有罪比率为99.9%，在横向的业绩比较中，C县公安局就具有了优势。

3. 微观的制度环境——组织中的制度环境

前面两部分已经论述了中国特定的制度环境形成了特定的纠错案件过滤导向，此种导向为公安司法机关的案件过滤行为设定了正当性目标。然而，仅仅有正当性目标还不够，在建立了正当性目标之后，公安司法机关还需要通过一系列的制度设定，使机关内的个人（警察、检察官和法官）自觉或者不自觉地按照制度环境的要求行事，最终使组织行为嵌入制度环境，并从制度环境中获取正面评价。从中国刑事诉讼的实践来看，公安司法机关通过绩效考核和内部审批制度为案件过滤行为设定各种制度障碍，在保证司法防止不纵的前提之下，最大可能地避免对无辜之人的错误打击。

(1) 个人绩效考核

案件过滤比率是公安、司法机关考核的重要内容。现行的司法实践中经常是以与案件过滤有关比率的高低确定公安、司法机关工作优劣的，如不捕率、不诉率和无罪率等。因此，控制案件过滤比率就成为公安、司法机关必须努力完成的一项工作与任务。在此种制度环境之下，各机关通常制定相应的措施（组织内制度环境），以实现对案件过滤决策的控制——在绩效考核中对各项案件过滤的比率设定了最高的上限。毋庸置疑，绩效考核制度的存在，直接影响了案件过滤机制的运行。

在本书的第一章中，笔者已经对中国刑事诉讼的案件过滤机制进行了全面的描述。在正式制度中，公安机关主要通过撤销刑事案件的方式过滤案件，检察机关主要通过不予批准逮捕和不予起诉方式来进行案件过滤，法院主要通过无罪判决来进行案件过滤。为了降低机关中的官员适用案件过滤的比率，公安司法机关均在绩效考评中对案件过滤比率设定了一定的要求。

比如，公安机关虽然没有对刑事案件的撤案率作强行的规定，但是绝大多数公安机关都对干警的破案数（率）或者打击犯罪数作出明确规定[①],也有侦查机关通常将“破案率”作为考核工作的主要指标,并且与承办干警个人的经济利益、提拔任用等切身利益直接挂钩。[②]这种规定无疑会限制公安干警撤销刑事案件的案件过滤行为选择。因为如果案件被过多地撤销,显然可能无法完成每年对打击犯罪数量的最低要求。

韩丹等人在对辽宁省3个地级市2007—2009年检察机关退回补充侦查的数据调查后发现,公安机关的绩效考评直接影响了3个地级市差距悬殊的退查比率。A市公安机关严格限制补充侦查的数量,规定案件只有达到确实充分的定罪标准才能移送检察机关。如果出现退查情况,则要扣除办案人员的一定奖金,因此,A市退查率一直较低,分别只有6.26%、5.03%和3.59%。B市公安机关的2008年调整的绩效考核中,删除了退查率的限制,结果该年度退查率急剧升高,由2007年6.28%升至2008年18.69%,在2009年调整绩效考核之后,退查率出现了明显下降,仅为1.19%。[③]

绩效考核对检察系统案件过滤的影响也是深刻的。检察官郑东等人指出,检察机关不予起诉率的硬性要求,极大地限制了检察机关作出不予起诉的行为。该院2007年全部退回补充侦查案件为116件,补充侦查后达到起诉证据要求的仅为总数的32.76%,剩余的案件由于受限于不予起诉率的硬性要求,绝大多数被退回公安机关,建议撤销案件或将犯罪嫌疑人取保候审、劳动教养等形式处理,不予起诉

---

① 比如《2011年道县公安局综合考评办法》第13条就规定:“侦破刑事案件总数和侦破毒品案件、假币案件,以及打击多发性犯罪起诉案件任务按照年度下发任务数执行。每少完成一起扣0.5分,多完成一起加0.5分(3分)。”如果刑事案件最终被撤销,显然是不能被记入“侦破”和“打击”范畴的。

② 参见马长生、陈燕:《我国诉讼监督的一个难点及其突破——析“严禁”语境下的刑讯逼供》,载《时代法学》2012年第1期。

③ 参见韩丹、刘大伟:《检侦关系改进论——以公安机关考核机制对退回补充侦查的影响为视角》,载《辽宁大学学报》(哲学社会科学版)2011年第5期。

的仅有6件,占退查总数的6.9%。[①] 由此足见,绩效考核对中国公安、司法机关案件过滤行为的引导作用是不可估量的。学者左卫民等人的实证访谈也证明了这一点,在访谈中,有检察官就指出,侦查人员非常害怕检察机关将案件退回补充侦查,希望检察机关能通过各种沟通的形式解决案件的事实和证据问题。[②] 学者吴建雄也承认,在检察机关的考评指标中,通常直接对不予起诉和撤销案件的比例设定了上限,这种强制要求,当然会影响检察官的行为选择。[③]

可见,中国刑事诉讼场域中的微观制度环境,对不批准逮捕率、不起诉率和无罪判决率作出了明确限制,并且还对个体警察、检察官和法官设定了相应的惩罚措施。在此种制度环境下,场域中的警察、检察官和法官,均会自觉或者不自觉地降低适用案件过滤的比率。

(2) 案件过滤的审批障碍

除了绩效考评之外,中国的公安司法机关还在内部对案件过滤设置了严格的层层审批程序。这便是第三章中论述的“内部纠错”。这种制度给案件过滤设定了更高的制度障碍,并进一步限制了相应主体对案件过滤的适用。

首先,检察机关内部的审批程序为案件过滤设置了复杂的制度障碍。实践中,如果检察机关办案人员认为案件经补充侦查仍然证据不足,需要作出存疑不起诉决定时,首先应写出书面报告报请主诉检察官同意;主诉检察官同意之后,还要征得审查起诉部门负责人的同意;待部门负责人同意后,再报送检察长审查批准。只有经过检察长审批决定后,案件才会被提交至检察委员会讨论决定。此外,某些重大、复杂的刑事案件经检察委员会讨论决定后,还要报上级人民检察院批

① 参见郑东、陈亮:《我市桥西检察院积极探讨审查起诉阶段的补充侦查工作》,载石家庄政法综合网 http://www.sjzzfw.gov.cn/col/1291118023029/2010/10/29/1291207997859.html,访问时间2012年3月6日。

② 参见左卫民等:《中国刑事诉讼运行机制实证研究》,法律出版社2007年版,第222页脚注2。

③ 参见吴建雄:《检察业务考评制度的反思与重构——以检察官客观公正义务为视角》,载《法学杂志》2007年第6期。

准。如果以上任何一个环节出现障碍，案件就不得不向后拖延。正因如此，存疑不起诉的案件往往会在承办人手中滞留数月也无法解决，对于一些嫌疑人未被羁押的案件，这种滞留可能会达数年。[①] 与之形成鲜明对比的是，如果承办检察官作出起诉决定，通常仅需要通过主诉检察官审批即可。[②] 此外，检察机关内部的审查逮捕工作机制要求，拟不逮捕的，要遵循承办人提出处理意见，部门负责人审核、分管检察长决定的三级审批程序，批准逮捕则由主办检察官自己决定即可。在这里，微观的制度环境为个体官员案件过滤行为设定了更为繁琐的程序。

其次，法院通常也给无罪判决设定了复杂的内部审批程序。虽然从名义上，一个法官的判决（无论是有罪还是无罪），均需要经过审判长、庭长、分管副院长和审委会的审查批准才可能最终作出。但是有罪判决往往不需经历这些流程。调查中发现，审判委员会审查案件的数量在近年来不断下降，并且有罪判决往往也不会被提上审判委员会的议程。苏力教授在 1997 年左右的调查中发现，审判委员会审查案件比例大致为刑事案件总数的 10% ~15%，其后，学者肖仕卫在 2010 年前后的调查发现，这个比例下降为大约 5%。也就是说，并非所有的刑事案件均会上升到审委会层面。同时，考虑到 1999 年起在全国范围内推广的审判长制度改革，被选任为审判长的法官，对一般案件具有签发判决文书的权力。因此，一个有罪判决通常只会经过审判长的一道审查。与之形成鲜明对比的是，在法院内部，如果一个法官希望作出无罪判决，或者作出免除刑事处罚或者缓刑的判决，此时，所有的行政决策模式都会被启动，这个案件需要经过审判长、庭长、副院长和审委会的层层讨论。笔者在 2007 年对 3 个中级人民法院和 5 个基层

---

① 参见郑东、陈亮：《我市桥西检察院积极探讨审查起诉阶段的补充侦查工作》，载石家庄政法综合网 http://www.sjzzfw.gov.cn/col/1291118023029/2010/10/29/1291207997859.html，访问时间 2012 年 3 月 6 日。

② 参见西南政法大学诉讼法与司法改革研究中心：《审查逮捕程序正当化培训材料》（内部材料），2011 年 8 月印。

人民法院的调研中发现,虽然经过审判长选任制度的改革,审判长具有签发判决文书的权力,但是这种权力是受限制的。如果法官/审判长准备对刑事案件作出案件过滤时,他将没有签发判决文书的权力,而是必须经过严格的层层审批。比如P基层人民法院就将案件区分为“授权案件”和“非授权案件”两种,对于“非授权案件”,审判长不具有签发判决书的权力。[①] 可见,在法院中,案件过滤(无罪判决)需要经历比不过滤更加复杂繁琐的内部审批程序。上审委会的案件通常需要额外准备案件报告,需要等待更长的时间,并且还可能因为审委会的不同意见需要对判决书进行修改。这些程序的障碍,使得法院系统内部的普通法官会尽量避免案件上升审委会层面,其直接结果便是案件过滤的行为在法院系统内部“没有市场”。

如果经过层层审批,相关主体仍然作出了案件过滤的决定。此时,这一决定仍然可能面临其他主体的质疑。比如,检察官在逮捕刑罚条件、必要性条件证据不足的情况下,如果作出不捕的决定,公安机关会通过复议、复核等途径要求变更。这会增加检察官的工作量。在不捕决定被本院检委会或者上级院改变的情况下,检察机关还会承担错误不捕的责任,考核时批捕工作要被扣分。如果检察官能够确信犯罪嫌疑人的行为构成犯罪,他作出批捕决定后,即便犯罪嫌疑人最后被酌定不诉,或者犯罪嫌疑人被起诉到法院后只要获得有罪判决,这最多只能算是逮捕工作质量有瑕疵,而并非错误。同样,在现阶段司法实践中,检察机关对法院的无罪判决采取的是“必定抗诉”的策略,抗诉案件的出现,同样也会增加法官的工作任务。更为重要的是,抗诉还可能带来改判的结果,从而成为“错案”。这种后果,对个体法官而言无疑是“致命的”。总而言之,微观的制度环境,不鼓励采用案件过滤机制,在此种微观环境之下,公安、司法机关的行为选择可想

① 《P市人民法院审判长、执行长、独任审判员选任办法(试行)》规定:“下列案件属非授权案件应当在合议庭合议后提交审判委员会讨论决定,裁判文书由分管院长签发。1. 拟宣告无罪的案件;2. 拟免除刑罚处罚的案件;3. 拟判处缓刑的案件……”

而知。

在中国的刑事诉讼中,各主体的案件过滤机制正是在内外制度环境的双重影响下,为了维持合法性(生存)而作出的行为选择。这种选择强调对错误的纠正,这是对实体真实探知主义的积极追求,同时也强调合作与协商,以制度内和制度外的制度工具共同实现着对案件的过滤。毫无疑问,外部的制度环境对案件过滤机制的影响不可谓不大。甚至在特定的环境中,面对特定的案件,案件过滤机制还很可能被完全抑制,从而朝着“有罪”处理的错误方向发展。

(二)制度环境影响下的案件过滤实践的同构

在宏观、中观和微观制度环境的共同形塑下,中国公安司法机关的案件过滤实践发生了新制度主义理论中的同构——共同追求低案件过滤比率。以检察系统为例,不予起诉的比率长期以来被严格控制。早在2001年,最高检就出台了《人民检察院办理不起诉案件公开审查规则(试行)》,该规定对检察机关拟作出不予起诉决定的案件进行公开审查,并指出此举是为了“保证不起诉决定的公正性”。其后,检察机关不予起诉的比率仍然处于不断控制之中,2007年最高检发布的《人民检察院办理不起诉案件质量标准(试行)》,又进一步明确了不得进行不起诉的情形。这种规定的出现,进一步压缩了检察系统原有的、进行案件过滤的空间。

当然,不予起诉只是最高检控制案件过滤的一个方面。实际上,在最高检的领导下,全国检察机关还定期进行公诉案件质量的专项检查,这其中对不立案、不批捕、不起诉、撤销案件以及起诉后宣判无罪的案件进行重点督察,尤其重视对不起诉案件和起诉后判决无罪案件的复查工作。在此种制度环境之下,全国检察机关以各种形式控制案件过滤的比率。最为显著的标志就是自2002年之后,公诉案件的判决率和不予起诉比率都在下降,并且这种下降被认为是“公诉质量和水平的提高”。根据最高检的工作报告,刑事案件的无罪判决率由2002年的1.8‰下降到目前的0.3‰,职务犯罪案件的不起诉率下降了7.8个百分点。可见,在一系列管制型制度的影响之下,中国的检察机关发生了同构。

除了共同追求低案件过滤比率之外,制度的同构同时还体现在补充侦查的高度常规化上面。补充侦查是指在诉讼程序进行的某一个阶段上,由于案件现有的事实、证据等情况达不到本阶段程序延续的法定条件,而中断正常的诉讼程序,将案件退回到上一诉讼阶段,由上一阶段的诉讼主体在原有侦查工作的基础上,对案件作进一步处理的诉讼活动。[①] 在中国,案件过滤是从属于"有罪处理"的,案件过滤以预防有罪之人逃脱为前提,在进行案件过滤之前要尽一切可能排除"有罪之人逃脱惩罚"的可能。因此,公安司法机关需要十分审慎地启动案件过滤机制。在面对可能被案件过滤的案件时,公安司法机关不会径直作出案件过滤的行动,而是会通过正式或者非正式的诉讼回流的方式,以正式或者非正式的方式补充证据,并且在诉讼回流过程中,通常还伴随着"善意的提醒"和"方向的指定"。这种伴随着指导的诉讼回流无疑能够避免由于过度"轻率"而产生了放纵犯罪的现象。在证据补充后仍然不足时,相关主体才会作出案件过滤的决定。从实践来看,在诉讼回流之后证据仍不足时,相关主体作出案件过滤的决定也是十分"勉强"和"不情愿"的。这一点可以从实践部门,尤其是检察机关关于退回公安机关补充侦查的讨论中可以得知。一般而言,如果退回补充侦查证据仍然不足,检察机关可以通过案件过滤的方式监督公安机关,从而实现错误的纠正。

然而,多数的文章在探讨补充侦查问题的监督时,均没有首先将案件过滤视为一种监督方式,而是主张:"在补充侦查阶段,检察机关要定期与公安机关进行联系,了解补查的进展情况。发现搁置不办或者补查不力的,应当进行口头纠正或督促;如果发现因措施不力致使主要证据灭失,造成案件处理受到重大影响或者补查严重超期等违法现象的,检察机关应当及时发出纠正违法通知书;如果发现侦查机关确有不可抗拒的原因,导致无法继续侦查之时,也应当及时发出暂停

---

① 参见姜保忠、徐宜亮:《对补充侦查制度的另一种解读——侧重于审查批捕阶段的考察》,载《法治研究》2007 年第 12 期。

或停止继续侦查通知书，相应作出不起诉决定。”①可见，对于“疑案”首先需要进行证据的补充，并且只有在穷尽一切可能的情况下，“疑案”才会被案件过滤。这种回流的实践，无疑既符合了防止有罪之人逃脱的社会共识，同时也符合避免无辜之人受到追诉的社会共识。

当然，这种同构与前面提到的管制型同构有所不同。这种实践的同构，并非是对某种管控型制度的适应。因为，没有具体的规定，强制要求公安、司法机关在案件过滤时需要遵循上诉的路径。这种同构更大程度上是对规范型制度和文化认知制度的适应。它一方面是基于他人的价值观而进行的同构，比如检察官之所以要退查，是因为公安机关认为此种退查是必须的，如果不退查就是检察官办案不力。因此，退查的同构是对公安机关价值观的适应，它相对于检察官而言是外在的，是一种规范性制度。同样，退查也符合检察官群体的一般认识，即通过退查，部分案件的事实和证据能够更加清晰，以此作出案件过滤的决定将更加准确。此种认知是检察官群体自身所持有的，因此是一种文化认知层面的因素。检察官通过此种行为，便能够获取文化认知的合法性。如果按照强制同构和自致同构的二元分类来看，此种同构显然属于后者。检察官群体共同地追求规范性和文化认知的合法性，在实践中，检察机关的行动就产生了自致同构。

总之，在管控型、规范型和文化认知型制度的共同作用下，中国公安、司法机关的案件过滤行动发生了强制和自致两种同构——都自觉地进行补充侦查，控制案件过滤比率，即使明知这种控制案件过滤比率的行为并非正当、补充侦查的作用并不显著。前文的访谈已经揭示，许多公安、司法机关的工作人员对控制案件过滤率的行为并不认

① 赵晓磊：《从审查起诉阶段的补充侦查辨析检警关系》，载北京检察网 http://www.bjjc.gov.cn/bjoweb/minfo/view.jsp? DMKID = 157&XXBH = 15180，访问时间 2012 年 3 月 6 日。

可,并且也承认每年有部分案件确实是基于压力[①]而没有进行案件过滤的。同样,公安司法机关的工作人员早已发现并非所有补充侦查都能取得良好的效果,他们进行补充侦查往往是为获取道义上的优势。虽然,国内学者对审判阶段法院要求检察机关进行的补充侦查多从法治理念出发予以反对,认为此举违背了法院的无罪推定和不告不理的原则,也会影响到诉讼的效率。[②] 但是,如果从制度环境所导致的同构的角度思考此种实践,也就不足为奇了。因为,补充侦查在很大程度上是一种仪式性的程序,一个可能的案件过滤的案件,必须经过补侦这样一个环节,而补侦的实际效果并不重要。因为仪式性的活动往往带来的是仪式性的收益——公安、司法机关获得了一定的合法性。尽管他们中许多人明知补侦事实上并不会给案件的证据带来多大的改善。

(三)刑事诉讼场域中的"非独断"模式

1. 特定的资源依赖关系,产生了组织间的互信

在社会系统中,只要参与者不能完全控制和实现某一行动和从行动中获得渴望的成果的所有必要条件,就存在着相互依赖关系。[③] 前面的分析已经证实,公安、司法机关的案件过滤行为是为了符合社会共识对于案件过滤机制的要求,并希望通过自己的行为获取行动的合法性。因为如果丧失合法性,公安、司法机关无疑会失去存在的基础。同时,前文还指出,合法性的重要指标是案件过滤率。在以纠错导向为核心的"意识形态"的影响下,案件过滤比率越高,相应主体的合法

---

① 如访谈中,被调查对象所言,从法律角度可以不逮捕但逮捕了的案件是有的,原因在于公安强势找我们领导施压。5%的批捕案件是迫于压力。(访谈编号:SCJC-1)

② 参见李建澄:《论我国刑事诉讼中补充侦查制度的完善》,载《湖北警官学院学报》2012年第1期;姜保忠、徐宜亮:《对补充侦查制度的另一种解读——侧重于审查批捕阶段的考察》,载《法治研究》2007年第12期。

③ 参见〔美〕杰弗里·菲佛、杰勒尔德·R. 萨兰基克:《组织的外部控制——对组织资源依赖的分析》,闫蕊译,东方出版社2006年版,第44页。

性越低。于是,围绕着案件过滤比率这一关键指标,中国的公安、司法机关之间就形成了一种资源依赖理论所主张的“互依关系”。因为,任何机关都无法单独生产这种证明其行为合法性的指标。公安机关行为的合法性,取决于检察机关案件过滤的比率,检察机关行为的合法性,取决于法院的案件过滤比率。更为重要的是,公安司法机关案件过滤比率的高低,不仅会影响其他主体的合法性认可,同样还会影响自身合法性的评价。

具体而言,公安机关的合法性评价需要依赖于批捕比率、起诉比率甚至是定罪比率,检察机关案件过滤比率(不批捕率、不起诉率)越高就意味着公安机关的工作质量越低,从而使公安机关无法从制度环境中获取合法性评价。同样,检察机关案件过滤比率高,也往往意味着自己合法性的丧失——检察机关同样会因为过高的不予逮捕和不予起诉的比例而受到公众的不满,党委、政府和人大的质疑和检察系统内部的不利评价。因此在共生性互依关系中,检警之间的合法性评价存在着资源依赖理论中认为的一损俱损,一荣俱荣的关系。

检法关系也是如此。检察机关的考评中最为关键的指标就是定罪率,如果法院作出的无罪判决,负责起诉的检察机关在上级检察机关组织的考评中可能会处于不利位置。对于负责起诉的检察官个人而言,他也会面临诸如取消评优资格和晋升资格等各种不利影响。[①]因此,法院的无罪判决比率越高,则意味着检察机关的工作质量越低。虽然,法院通常并不会强制规定无罪判决比率的上限,但是检察官对无罪判决必定抗诉的司法实践,也会影响法官的实践。在法官的考评

---

① 学者陈瑞华曾经举出一个实例:某检察官接受检察长指派,担任某一案件的公诉人。该案经过检察委员会讨论后一致认为“铁定要被判无罪”,但是基于权威主体的压力,检察院不得不选择起诉。检察长对公诉人承诺说:“判了无罪不是你的责任。”法院作出无罪判决后,尽管该检察院没有作出对该检察官不利的决定,甚至还向上级检察院作了说明,但是该检察官还是受到了上级检察院的反复审查。最终上级检察院虽没有认为该名检察官“负有责任”,但还是要求暂停其评优机会。参见陈瑞华:《刑事诉讼的中国模式》,法律出版社 2008 年版,第 315 页脚注 1。

中,如果一个案件最终被上级法院发回重审或者改判,对法院和个体法官的影响,绝对不亚于无罪判决对检察官和检察院的影响。检察机关的抗诉就是一种促使改判的重要诱因,尤其针对无罪判决而言。

虽然抗诉并不必然带来改判,但是实践中抗诉改判率却可能很高。根据相关统计,2007 年江苏省抗诉案件的改判率为 57.1%。[①] 并且,最高人民检察院对无罪判决也是十分敏感的,始终将无罪判决作为重点督办的案件来看待:"突出监督重点,强化工作措施。坚持把有罪判无罪、无罪判有罪、量刑畸轻畸重,以及因徇私枉法和严重违反诉讼程序影响公正审判的案件作为监督重点。对重大、复杂抗诉案件,要求检察长、副检察长带头办理,上级检察院实行挂牌督办。一些地方设立办理抗诉案件的专门机构或者办案组,推动抗诉工作深入开展。2003 年至 2008 年 5 年间,全国检察系统提出抗诉的案件中,人民法院从原判无罪改判为有罪的 547 人。"[②]最高检的这种重视程度就加深了检察系统内部对于无罪判决的敏感程度。可见,囿于抗诉所可能导致的改判和发回重审,法院和检察院之间也形成了一种间接的共生互依关系,它虽然不如检警之间结合得那样密切,但却无疑会影响检法之间案件过滤实践的走向。

总而言之,对于案件过滤比率控制的客观要求,使得公安、司法机关之间形成了资源依赖理论中认为的共生性互依。共生性相互依赖关系中的公安、司法机关将会面临"要么同时更好,要么同时恶化"[③]的局面。总的来说,在刑事法律文化影响下,我国形成了对案件过滤的制度意识,同时也形成了特定的刑事法律制度和相应的公安、司法机关工作机制。在此种宏观、中观和微观三层次的制度环境中,公安、

---

① 参见李继峰:《刑事抗诉职能弱化的原因与对策分析》,载江苏检察网 http://www.js.jcy.gov.cn/readnews.asp? nid = 10135,访问时间 2012 年 3 月 5 日。

② 曹建明:《最高人民检察院关于加强刑事审判法律监督工作维护司法公正情况的报告》,2008 年 10 月 26 日在第十一届全国人民代表大会常务委员会第五次会议上的发言。

③ 〔美〕杰弗里·菲佛、杰勒尔德·R. 萨兰基克:《组织的外部控制——对组织资源依赖的分析》,闫蕊译,东方出版社 2006 年版,第 45 页。

司法机关形成了特定的共生性互依关系，在此种互依关系中，三机关一损俱损，一荣俱荣。这种资源依赖关系，使得中国的公安、司法机关之间形成了协商所必须具备的互信基础。

2. 统一的政策考量，产生了组织间的共识

除了特定的资源依赖关系之外，中国的刑事诉讼中较为统一的刑事政策也为协商型案件过滤机制的产生提供了支持。由于公安、司法机关之间共同追求"打击和控制犯罪"，因此三者之间容易形成组织间的共识——"政法职业认同"。具体而言，公安、司法机关的工作人员普遍认为，大家同属国家政法机关，有着相同的公务员身份，行使国家公共权力，承担着相似的政治任务，拿着相差无几的薪酬，都受官僚文化的熏陶和塑造，因此大家属于"一类人"，是真正的"同行"。[①] 对刑事案件的看法，三机关也基本相同，即采取一种有罪预设倾向，即认为刑事案件经过公安司法机关内外部的纠错——筛选和过滤之后，更有可能是有罪而不是无罪的。这种认识也会使公安、司法机关在进行案件过滤时更为谨慎。比如案件在法院正式判决以前，已经经过公安机关的立案、侦查、批捕、审查起诉以及相关机关内部逐级的审批程序，在这个过程中，案件有许多机会能够逃离刑事诉讼，如果还被移送至法院审判，通常认为这个案件更可能是有罪的。这种职业认同最为直接的结果，就是产生机关之间的互信，这也是三者在案件过滤中走向合作的基础。

3. 较低的人员流动性，促进了组织间的合作

在现行司法体制下，法官职业和检察官职业流动性较弱，队伍相对稳定，业务专业对口，刑事法官与同级检察院的公诉人，同为流水线作业的诉讼一环，日积月累的交往和长期参与庭审活动，使得双方形成了较为密切的同事或朋友关系。[②] 这种关系也在客观上促进了案件

---

① 肖仕卫：《刑事判决是如何形成的——以 S 省 C 区法院实践为中心的考察》，中国检察出版社 2009 年版，第 53 页。

② 参见吴小军、董超：《刑事诉审合意现象之透视——以撤回公诉和无罪判决为样本》，载《人民司法》2011 年第 15 期。

过滤中协商型关系的产生。

4. 权威主体的存在,实现了矛盾的协调

虽然,中国的公安、司法机关彼此间具有互信和共识,然而,它们毕竟不是一个机关,在工作进行中难免会发生矛盾和冲突。因为案件过滤意味着纠正错误,案件过滤比率无疑等于前一主体错误的比率。如果一个时间段内法院作出的无罪判决较多,通常得出的结论便是检察机关移送案件的错误较多。因此,案件过滤,尤其是正式制度的案件过滤,会激起前位主体的强烈不满。此时,政法委的存在就为此类冲突的协调提供了制度支持。政法委的存在为公安、司法机关间的沟通提供了制度平台,从而解决了组织之间协调的难题。

正是基于以上四个方面的原因,中国的公安司法机关才逐渐形成了深层次的协商型的刑事诉讼运行模式。独断模式从总体上与中国现行司法制度不兼容,独断型中的独立、监督和距离感的理念与这一种公检法三机关"一家亲"的刑事诉讼运行模式格格不入。尽管侦查、起诉与审判之间在立法上是互相配合、互相制约的关系,但在更加深层的制度层面,他们往往都被视为党委领导下的"一个机体中的不同部分"①。在此种一体化权力结构的影响之下,中国的公安、司法机关形成了一种刑事司法的社群。在这个刑事司法的社群中,每个主体都严肃地对待他们的社会关系,他们彼此的利益被紧密联系在一起,并且形成了一定的互惠关系。公安、司法机关能够准备把握他们在社群中的相对地位等级,并且知道它们能为社群带来的预期作用,也就是清楚自己的角色期待。这种社群的出现使得中国的公安、司法机关更加紧密地团结在一起,并形成了一种利益共同体,这种利益共同体形成的微妙平衡,使得三机关逐渐走向深度的协商——为了彼此利益的协商。正如陈瑞华教授所言,在这种制度性流动较为罕见的司法体制下,一个法官即便认定案件事实不清、证据不足,也很难作出无罪判决,否则就属于"不给检察官面子""破坏检察官声誉"的行为。同样,

---

① 肖仕卫:《刑事判决是如何形成的——以S省C区法院实践为中心的考察》,中国检察出版社2009年版,第44页。

检察官也不会轻易作出不予起诉或者不予批捕等案件过滤的决定。因为这种做法不仅影响自己的业绩,也会影响公安机关的业绩;不仅需要受到内部更为严格和繁琐的审查,还要面临公安机关可能的“反戈一击”;既要承担被害人的不解,还可能面临媒体、人大和社会公众“办案不利”的质疑。于是,在这种情况下,协商着作出潜规则式的案件过滤就成为一种趋势。在面对可能判决无罪的案件,法院往往不是径直宣判无罪,而是首先要求补充证据,这是给检察官亡羊补牢的机会。即使证据在补充后仍然不足,法院也可能会选择建议检察机关撤销起诉或者作出有余地的判决。同样,检察官在决定作出不予起诉的决定时,往往也会要求公安机关事先补充证据,如果证据仍然不足,检察官也不会全部都作出案件过滤的决定,而是有时候会选择建议公安机关撤回,从而让公安机关最终以“撤案”的形式解决案件。

(四)仪式与实践的脱耦

在本章最初理论框架的描绘中,笔者已经指出组织所处的制度环境并非总是相互兼容的,面对相互冲突的制度环境,组织往往会选择将仪式与实践分离的方式获得不同层面的合法性。

首先,积极的实体真实探知主义与强调不纵这两种社会意识并非完全兼容。因为,如果要追求刑事打击的绝对准确,就必须既防止无辜之人受到刑事追诉,又避免有罪之人逃避刑罚惩罚。然而,在刑事司法资源有限的大前提之下,这种两者并重,可能会导致两者都不可得的结局。因为正如波斯纳所言:“除非增加用于确定有罪无罪的资源,否则,为了降低错判无辜的可能性,唯一的出路只能是同时降低有罪之人定罪的可能性。”①换言之,在资源有限的情况下,如果过度关注不枉,就势必要付出放纵的代价;而如果青睐不纵,势必会同时有一些案件被“冤枉”。因此在这里,社会意识中对于实体真实的绝对追

---

① 转引自〔美〕约书亚·德雷克斯,艾伦·C.迈克尔斯:《美国刑事诉讼法精解:第一卷·刑事侦查》(第4版),吴宏耀译,北京大学出版社2009年版,第29页。

求在司法实践中发生了第一次脱耦。虽然中国的公安、司法机关对外宣称需要纠正刑事诉讼中的一切错误，然而在实践中，却更加重视防止有罪之人逃脱惩罚。在这里，我们看到了仪式与实践的松散耦合和脱耦。这种脱耦的直接结果就是使得公安、司法机关共同在实践中积极控制案件过滤比率，这与他们对外的主张有明显的差别。

随后，刑事诉讼的案件过滤机制又在实践中发生了第二种脱耦，即在一定程度上限制正式法律创造的案件过滤制度，比如不予起诉和无罪判决，而较大程度上诉诸法律之外的潜规则——法外司法的实践，以撤回逮捕申请、撤回审查起诉、撤回公诉等制度外的潜规则的实践，实际进行案件过滤。同时，这些潜规则的适用范围，也会大大超出制度的最初预设，比如撤回审查起诉最初规定为针对"嫌疑人没有犯罪行为"和"犯罪事实并非嫌疑人所为"的情形，然而在实践中，它却被广泛地用以处理疑罪。同样，原来没有案件过滤功能的制度，被"实践为"具有案件过滤功能的制度，比如不予批捕制度功能的实体化以及取保候审和留有余地判决等一系列准案件过滤的实践。这种脱耦，使得中国公安、司法机关的案件过滤比率在表面上符合了制度环境的需求，从而获得行动的合法性。可见，在此处，仪式和实践又没有紧密地耦合在一起。

最后，中国公安、司法机关的案件过滤实践的第二种脱耦又接着导致了实践中的第三种脱耦——公安司法机关的关系的变化。如果从刑事诉讼的制度层面来看，我国公安、司法机关的关系更大程度上应被界定为相互分工、相互合作和相互制约。然而，为了更好地通过制度外的潜规则来达至控制案件过滤比率的目的，公安、司法机关之间势必要加强各种层面的合作与协商。因此，虽然对外仍然宣称公安、司法机关之间相互制约，在案件过滤实践中这种制约却逐渐被一种深度的合作与协商取代，在这里，补充侦查由选择变为必须，沟通由例外变为日常，制约由刚性变为柔性。于是，仪式与实践又发生脱耦。

三、美国案件过滤机制的成因分析

（一）美国案件过滤机制运作的制度环境

1. 宏观的制度环境——社会系统中的意识形态

（1）高效地处理犯罪——刑事诉讼的基本任务

美国整个司法体系都十分强调效率。早在 1906 年，美国著名法学家庞德就在一次演讲中提及了公众对司法的不满。他进一步认为拖延(delay)是公众不满最为关键的原因。[①] 实证数据也验证了庞德的论断。美国律师协会在 1998 年进行的民调《美国司法体系的认知报告》(*Report on Perceptions of the U. S. Justice System*)显示，78% 的受访公众认为，法院的程序花费时间过长。[②] 另外，美国国家州法院中心在 1999 年进行的民调“公众如何看待州法院”(“How Public View State Courts”)，反映了相似的情况：70% 的民众认为，法院没有以及时的方式处理案件。[③]

在此种社会意识之下，美国刑事诉讼也十分强调效率。《美国联邦刑事诉讼规则》第 2 条规定：“本规则旨在为正确处理每一起刑事诉讼提供规则，以保证简化诉讼、公正司法，避免不必要的费用和延缓。”可见，在美国的刑事诉讼中，效率与公正是被共同强调的，甚至严格来说，诉讼中效率的考量是优于公正的。因为在美国的社会意识中，过于复杂的诉讼程序以及不必要的费用和延缓，都将最终不利于刑事司法的公正。

众所周知，刑事司法资源的有限性与刑事司法需求之间的差距一

---

① 参见 Roscoe Pound, “The Causes of Popular Dissatisfaction with the Administration of Justice,” *14 Am. Law.* 445, 448(1906)。

② 参见 ABA, “American Bar Association Report on Perceptions of the U. S. Justice System,” *62 Alb. L. Rev.* 1307, 1319。

③ 参见 National Center for State Courts, *How the Public Views the State Courts: A 1999 National Survey*, May 14, 1999, Washington, DC., p.28。

直是美国刑事诉讼体系一个重要的问题。如何将有限的司法资源运用到最为关键的环节，一直是美国刑事诉讼法学界讨论和研究的问题。在此种理念之下，准确地发现案件的事实，并没有取得像在中国刑事诉讼中那样唯我独尊的地位。在论及有关刑事程序的宪法规定时，多数人的共识是："对事实真相的追求……并不是刑事程序发挥作用的唯一原则，甚至可能连最重要的原则也不是……"①直到今天，美国法院仍然时常宣布：司法权力的"基本属性"中并不包括事实发现。一个较为晚近的例子是：Northern Pipeline Co. v. Marathon Pipeline Co. 。②

在上述制度环境的形塑下，在美国的刑事诉讼并不过于强调有错必纠，因为在他们看来，过分强调"有错必纠"，很可能会影响诉讼的效率，从而使诉讼发生不必要的迟延；并且如果严格要求准确查明犯罪事实的话，将会使美国有限的刑事司法资源不堪重负。同时，如果出现大规模的诉讼回流，无疑还会延长嫌疑人的羁押时间，这对嫌疑人而言也是一种不公。此外，如果法院的判决可能随时被撤销或者更改，法院权威就将受到严重损害。因此从整体上看，美国的刑事诉讼中案件过滤机制并不是以纠错为唯一导向的，而往往会基于效率、地方政策和宽宥等多样化的考量。

既然案件过滤不意味着纠错，案件过滤比例也就不必然与案件错误比率相关，故而美国刑事诉讼中的案件过滤，较少受到像中国那样的内外双重审查与制约。在美国的司法实践中，对检察官、大陪审团、法官的各种案件过滤，基本上不存在纠正的措施。检察官具有极大的自由裁量的权力，检察官不予起诉的决定基本不受审查。这便是前文提及的案件过滤决策的终局性。如果检察官一旦决定对某个案件进行案件过滤，无论是受害人、警察还是法官，通常都没有影响这一案件

---

① 〔美〕约书亚·德雷克斯、艾伦·C. 迈克尔斯：《美国刑事诉讼法精解：第一卷·刑事侦查》（第4版），吴宏耀译，北京大学出版社2009年版，第29页。

② 参见〔美〕米尔伊安·R. 达玛什卡：《司法和国家权力的多种面孔——比较视野中的法律程序》，郑戈译，中国政法大学出版社2004年版，第59页脚注43。

过滤的权力。如果法院在预审中对某一案件作出案件过滤的决定,比如驳回起诉,而且这个案件过滤的决定基本也不受审查,换言之,也就不存在被纠正的可能。

如果检察官想要继续一个被驳回的案件,他有两种选择:

① 重新提起控告。虽然,美国的犯罪嫌疑人受到“禁止双重危险”的宪法基本原则的保护,然而,由于案件尚未正式进入诉讼,因此危险尚未附着。如果不是在预审,而是在正式庭审中被驳回,则检察官不能再进行任何针对此嫌疑人的起诉,这就是宪法第四修正案规定的“禁止双重危险”。一个人在“陪审团组成并宣誓之后”①,或者在“第一个证人在法官审判中已经宣誓”②后,不能被置于双重危险之中。在此之前,不受宪法修正案的“禁止双重危险”原则的保护。

② 向大陪审团申请起诉书。预审中,如果检察官的起诉被预审法官驳回,在一些大陪审团起诉书作为可选择项的州中,检察官可能会向大陪审团提交起诉申请。研究表明检察官一般能够在大陪审团处获得起诉书,但是这种起诉最终获得定罪的比例却大致只有50%。③

上述两个选项,实际上都是提出新的动议,而并非针对法官案件过滤的行为本身。也就是说,预审法院的案件过滤行为并不会受到检察官的挑战。在美国的司法实践中,大致仅有12个州规定可以对法官的案件过滤行为进行上诉,只有在这些州中,法官的案件过滤行为才有可能受到挑战。同样,在美国刑事诉讼中,大陪审团的案件过滤行为也是不受挑战的。如果大陪审团拒绝签署起诉书,通常情况下案件不会再有进一步的行动。检察官如果对大陪审团的案件过滤持有异议,他只能向另外一个大陪审团提交申请(绝大多数州都允许这种

---

① Crist v. Bretz, 437 U.S. 28(1978).

② Serfass v. United States, 420 U.S. 377(1975).

③ 参见潘金贵:《美国刑事预审程序考察与评价》,载《西南民族大学学报》(人文社科版)2011年第12期。

方式)[①],而不能要求对原大陪审团的案件过滤决定进行审查。最后,小陪审团的案件过滤同样也是不受审查的。美国的刑事诉讼中还没有建立起常规的上诉制度,对大部分刑事案件都不能上诉。这其中尤其严格地限制针对无罪判决的上诉。

(2) 不枉与不纵——探寻事实的不同排序

虽然准确发现案件事实在美国的刑事诉讼中不处于最为关键的地位,但是,如果说美国的刑事诉讼不在乎事实发现,似乎也有失偏颇,只是这种对事实发现的强调不如中国强烈。在强调准确查明事实的制度环境中,刑事诉讼应该既要避免有罪之人逃避惩罚,又要避免无罪之人受到错误追诉。也就是说,刑事诉讼程序应该既设定防止有罪之人逃避惩罚的机制,同样也要设置避免无辜之人被错误追诉的案件过滤机制。然而,这种判断忽视了一个重要问题,即在立法政策上错误定罪和错判无辜是否具有同等的不受欢迎的程度。对此,大陆法系采取的是“对有罪无罪保持中立”的态度[②],中国刑事诉讼采取的是“预防错放有罪”的态度[③],美国刑事司法的传统观点则认为,“偏重无辜者”的态度更有价值的优越性。“将一个无辜者错判有罪,比错误释放一个有罪之人要坏。”[④]

这种观点被认为是英美法系的一个基本传统。早在1769年,布莱克斯通就认为:“宁可错放10个犯人,也不能错判1个无辜者。”另一位英国学者 Thomas Starkie 似乎走得更远。他在1824年发表的关

---

① 参见〔美〕约书亚·德雷克斯、艾伦·C.迈克尔斯:《美国刑事诉讼法精解:第二卷·刑事审判》(第4版),魏晓娜译,北京大学出版社2009年版,第128页。

② Tom Stacy, The Search for the Truth in Constitutional Criminal Procedure, *91 Colum. L. Rev.* 1369(1991).

③ 如果说要在正当程序和实体正义之间寻找平衡的话,中国人可能更加强调实体正义或者是犯罪控制。参见 Woo, M. Y. K., Law and Discretion in the Contemporary Chinese Courts, *Pacific Rim. Law & Policy Journal*, 8(1999)。

④ 〔美〕约书亚·德雷克斯、艾伦·C.迈克尔斯:《美国刑事诉讼法精解:第一卷·刑事侦查》(第4版),吴宏耀译,北京大学出版社2009年版,第27页。

于证据法的著作中明确指出："宁可错放 99 个犯人，也不能错判 1 个无辜者。"[①]在 1895 年 Goffin v. U. S 一案中，大法官怀特还将此理念追溯到罗马法时期。[②]

这种态度的不同直接决定了中国和美国在案件过滤方面的具体机制的不同。前文借助波斯纳的法经济学观点已经指出，任何国家投入刑事司法的资源都是有限的，而实现不枉和不纵均需耗费特定的资源，两者对刑事司法资源的分配类似于经济学中的零和博弈。对避免错判无辜的投入越多，就同样可能拉升错放有罪的风险，反之亦然。[③]在美国，由于对不枉和不纵采取了与中国截然不同的优先性排序，由于刑事司法中更加强调不枉，因此不纵就相对处于次要的地位。其结果就是各主体在开展案件过滤时，通常不需要优先考量此种处置是否会导致有罪之人逃脱惩罚的危险，而是要首先考虑如果不进行案件过滤，是否会发生无辜之人受到错误追诉的结果，如果答案是肯定的，则进行案件过滤。

在此种与中国截然不同的制度环境中，美国警察、检察官和法官进行案件过滤时，并不像中国的同行那样谨慎，甚至在某种程度上还有粗糙的嫌疑。案件过滤比率过高，通常也不会与办案不力相联系，或者说不总是与办案不力相联系。至少从美国社会的认识来说，过高的案件过滤比率，主要是警察机关办案不力的结果。有数据显示，1987 年全美警察部门逮捕的犯罪嫌疑人中，最终被检察官提起公诉的仅占总数的 50%，因此美国各界都将批评的目光首先投向警察部门[④]，似乎检察官和法官才是拯救无辜之人的"救世主"。当然，此种偏向在美国也发生了一定的变化，最高法院似乎也在通过判例显示

---

① 该名言由美国最高法院在 Schlup v. Delo, 513 U. S. 298 (1995) 一案中引用。

② 参见 Coffin v. U. S, 156 U. S. 432 (1895)。

③ 参见理查德 · A. 波斯纳：《法理学问题》，苏力译，中国政法大学出版社，第 226 页。

④ 参见 J. Petersilia, et al., *Police Performance and Case Attrition*, Washington: USGPO, 1987。

“错误的判决和错误的定罪一样糟糕”。[①] 因为将有罪之人错误释放，给社会带来的痛苦可能等于甚至大于无辜之人受到追诉所带来的痛苦。[②]

2. 中观的制度环境——组织场域中的制度环境

美国刑事诉讼中联邦与地方二元分立的体制，使得美国刑事司法场域的组成与中国有所不同。在中国，上级公安、司法机关也被纳入到该场域中，并对于地方的公安、司法机关的案件过滤实践产生了重要影响。在美国，地方和联邦侦查、公诉和审判主体基本上是在各自独立的环境中运作的，这使得美国的刑事司法场域具有比中国更加强大的地方属性。上级警察局、检察官办公室和法院并不像中国那样，可以被考虑为场域中的一员。

美国司法系统将检察权划分为国家和州两个层面，彼此在各自的环境中运行，几乎没有交集。州一级的检察权也是高度分散的（decentralized），每个县的检察官几乎享有一切自治权。[③] 美国司法部长虽然是全美的检察总长，但是没有哪个县检察官需要向他汇报工作，或者必须遵循他的建议；同样的，虽然每个州都有自己的检察总长，但是，县检察官没有义务遵守州检察总长的意见。这种地方属性加上美国检察官由选举产生的事实，使得美国的刑事司法运行具有强烈的地方中心性（strong local focus）。在地方，首席检察官由选举产生，一般情况下，首席检察官需要制定办公室政策（office policy），雇用和解雇职员，并且作为检察官办公室的代言人，在有些时候还要决定重大案件的处理方案。因此，首席检察官对于一个司法管辖区内检察权的行

---

① Tom Stacy, “The Search for the Truth in Constitutional Criminal Procedure,” 91 *Colum. L. Rev.* 1369(1991).

② Jeffrey Reiman and Ernest van den Haag, “On the Common Saying that it is Better that Ten Guilty Persons Escape than that One Innocent Suffer: Pro and Con,” 7 *Soc. Phil&Policy* (1990).

③ David A. Harris, “The Interaction and Relationship between Prosecutors and Police Officers in the U.S., and How This Affects Police Reform Efforts,” University of Pittsburgh School of Law, *Working Paper No. 2011-19*(June 2011).

使，具有至关重要的影响。而首席检察官又是由地方选民选举产生，他需要在工作开展的过程中回应选民的诉求。因此，地方民众的共同意识，对美国刑事诉讼案件过滤的影响也是深刻的。

除了检察系统之外，美国的警察系统也不存在如同中国一样的垂直结构。全美有大致 17 000 个大小不同的警察机构，没有全国性的警察机构，虽然 FBI 有对部分案件的全国管辖权，但其对全美的大量犯罪而言，也仅有有限的影响力。美国绝大多数案件都是由地方警察机关处理的，这些警察机关彼此间相互独立，没有隶属关系，在各自的地理(geographic)和政治环境中运行。[①]

最后，美国的不同层级的法院之间也是相对独立的。美国的法院系统，尤其是州一级的法院系统，堪称全世界最混乱的司法系统，在结构上莫衷一是，名称上也各不相同。尽管如此，美国上级法院对下级法院的影响和控制远远低于中国。因此，在美国的刑事司法场域中，由于上下级机构之间的断层，上级机构通常不会被包含在下级的刑事司法场域中。这就决定了美国的刑事司法场域中各主体的行动可以较少受到垂直主体的影响，从而具有鲜明的地方性和水平性。这种特征，使得美国案件过滤无法像中国那样遵循一种统一的政策导向。

除了缺乏垂直影响之外，美国的刑事诉讼中侦查、起诉和审判主体的行为受到水平主体的影响，也远没有中国那样直接和深远。中国刑事诉讼各主体需要受到政治、民意等多方面的直接干预，这些场域中主体的态度，往往会对中国刑事案件过滤与否产生直接影响。而美国的刑事诉讼各主体则不需要面对这种窘境。各州检察官按照传统都非常自治。虽然美国地方检察官隶属于政府的行政部门，但是检察官不是市长或者州长的雇员。作为一名选举出来的官员，地方首席检察官直接对选民负责。然而，选民无法直接干预某些案件的处理，因为选举的控制往往是间接控制。美国也确实是一个偏好间接控制的

---

① 参见 David A. Harris, "The Interaction and Relationship between Prosecutors and Police Officers in the U. S., and How This Affects Police Reform Efforts," University of Pittsburgh School of Law, *Working Paper No. 2011-19*(June 2011)。

国家。也就是说,选民只能通过选票对检察官的行为施加影响,而对检察官处理具体案件则不具有直接影响。[1] 总而言之,中观的制度环境也为美国刑事诉讼中案件过滤的多元化的目标导向提供了便利条件。

3. 微观的制度环境——组织中的制度环境

前面描述了美国特定的制度环境形成了特定的功利导向的案件过滤机制,此种导向为美国刑事诉讼侦查、起诉和审判主体设定了正当性的目标。仅有正当性目标还不够,在确立了目标之后,还需要一系列与之匹配的制度和工作机制,促使警察、检察官和法官自觉或者不自觉地采用相应的案件过滤行为,从而最终适应这一目标,并从相应的制度环境中获得所希冀的合法性评价。从美国的实践来看,相应主体通过特定的业绩考核、权力的地方属性、极大的自由裁量权和平行的权力分配等几个方面的制度,为多元目标导向的案件过滤提供了各种便利,从而在保障诉讼效率的基础之上,最大化地进行案件过滤。

(1) 绩效考核

与中国形成鲜明对比的是,美国尚未形成对警察、检察官和法官有效的绩效考核制度,同时也没有形成针对警察局、检察官办公室和法院业绩的横向或者纵向的比较体系。具体而言,县警察局既不需要和县检察官办公室和法院比较业绩,也不需要和其他县警察局比较业绩,同样也不需要和州警察局、联邦警察局比较业绩。机关业绩比较的缺失,使得组织缺乏通过控制某种绩效进行系统之内和系统之外比较的动力。同时,对个体的警察、检察官和法官而言,他们的业绩考核也与案件过滤基本不太相关。

在美国,对警察而言,逮捕移送案件的最终定罪率往往是最后考核的事情。因此,将案件移送检察官之后,警察的行为通常就结束了,它不需要也没有动力来关注其后的案件过滤情况。在美国,警察部门

---

① 参见 William T. Pizzi, "Understanding Prosecutorial Discretion in the United States: The Limits of Comparative Criminal Procedure as an Instrument of Reform," *Ohio State Law Journal*, Vol. 54。

基本不会在意逮捕案件的定罪率问题，换言之，检察官和法官作出多少案件过滤，似乎与他们的业绩并没有太大的关系。退休的佛罗里达州检察官 Jerry M. Blair 在一次关于检警关系的培训中就直言："许多警官有比逮捕嫌疑人被检察官指控更为有限的目标追求——破案率。追求逮捕定罪率没有什么额外的价值，绝大多数警察部门仅仅通过(based solely on)破案率而不是定罪率来评价自己的表现。"[①]对检察官而言，考核其表现的最重要指标是起诉案件的定罪率，这种定罪率的计算，以检察官最终起诉的案件为基数。因此，检察官对案件过滤得越严格，最终定罪率就可能越高，也就是说，案件过滤的情况，甚至能在很大程度上间接地提升检察官的表现。因为通过案件过滤，大量原本可能无法获得定罪结果的弱案件(weak case)被过滤掉了。这种功利化的行为，实际上长期受到美国本土学者的批判。对美国法官而言，由于多数法官实行的是终身制，对其考核的作用被大大弱化，考核也并非以案件过滤比率为指标。正是因为建立了这样的绩效考核制度，在美国的刑事诉讼中，侦查、起诉和审判主体均可以不受限制地进行案件过滤，只要它们认为这种行为有助于提高诉讼效率，符合地方政策或者避免错误定罪。

在美国，绩效考评对于案件过滤运作时各主体的关系影响其实也是很大的，比如为了提升有罪率，检察官会选择性地受理案件。警察在移送案件时，往往选择最重的罪名，这样可以提高重罪逮捕的数量[②]，而这是衡量警察表现的重要指标。但是关键在于，案件过滤并不会被纳入考量，案件过滤比率不会给美国的警察、检察官和法官带来致命的影响。此外，作为社会主体的大、小陪审团在美国的刑事诉讼中，也被赋予了案件过滤的权力。陪审团成员均为非职业化的官员，因此他们在进行案件过滤的时候，往往不需要考量所谓的绩效考评。

---

① Police-Prosecutor Relations, Lecture by Jerry M. Blair, State Attorney, Third Judicial Circuit(retired).

② W. F. McDonald, et al., *Police-Prosecutor Relations in the United States: Executive Summary*, Washington: USGPO, 1982.

因此,在进行案件过滤时,就显得更加没有顾虑,而主要是遵从自己的良心。

(2) 极大的自由裁量权

为了使相关主体能够在特定情况下依据具体案件的实际情况进行案件过滤,美国的刑事诉讼赋予警察、检察官和法官以极大的自由裁量权。

事实上,美国的检察官在针对是否起诉的问题之上,享有几乎不受限制的权力。正如最高法院法官指出的那样:“只要检察官有合理根据相信被告人实施了某项犯罪,是否决定起诉,以及以何种名义起诉,一般完全属于检察官的裁量范围。”[①]这一点我们可以从两个方面来解释,其一,美国的检察官在提起指控方面的权力基本不受控制。前文提及,美国刑事诉讼环节中的预审听证、大陪审团以及审判过程,虽然存在着一定的案件过滤机制对此种权力进行限制,但整体而言限制的比例并不大。其二,对检察官不予起诉的权力——案件过滤——实践却较少受到限制。英美法系国家传统上对检察官的不起诉裁量权几乎不予司法审查,但自 20 世纪 80 年代以来,美国大约有 13 个州借鉴了德、日的强制起诉或准起诉程序,对检察官的不起诉,被害人或者其他相关权利人向法官申诉后,法官有权要求检察官提起公诉或者指定一名律师进行公诉。[②] 检察长确实有权对地方检察官不愿意起诉的案件予以起诉,且法官可以召集大陪审团或指定一名专门检察官。但是这些制约却很少被用在针对检察官案件过滤的行为上。因此从某种程度来说,“检察官的不起诉决定通常是终局的,检察官办公室以外的任何人都不能撤销这个决定”[③]。

---

① Bordenkricher v. Hayes, 434 U.S. 357, 364(1978).

② 参见谢小剑:《公诉权制约制度研究》,法律出版社 2009 年版,第 205 页。

③ 〔美〕约书亚·德雷克斯、艾伦·C.迈克尔斯:《美国刑事诉讼法精解:第二卷·刑事审判》(第 4 版),魏晓娜译,北京大学出版社 2009 年版,第 115 页。

根据 Dawson 在 1992 年的考察,1990 年全美仅有 12% 的检察官办公室内部存在着相应的书面指导方针(written criteria)规范辩诉交易,同时有 78% 的检察官办公室对辩诉交易的审查是采用逐案审查的方式(case-by-case supervisory review)。[①] 可见,在绝大多数情况下,辩诉交易是没有明确的书面规则可以遵循,在此过程中检察官的裁量权很大。现阶段,虽然许多大的检察官办公室(数量很少,大致仅占检察官办公室总数的 2%)[②]有指导检察官指控的书面政策,但是这些政策具有很强的原则性,在适用过程中也充满了弹性,使得检察官在进行起诉与否时具有很大的自主性。[③] 美国的学者从各个方面提出了关于限制检察官裁量权的建议,但是也有学者指出:"无论价值如何,通过立法审查、加强司法监督或者强制公开解释起诉决定的建议和显著制约起诉裁量权的建议,已经造成了相当大的危害,最高法院也一贯地保护广泛的起诉裁量权。"[④]

同样,本书第三章中也提到,法院的案件过滤(驳回起诉和宣判无罪)也基本是不受限制的。一方面,对于法院驳回起诉的案件,美国只有较少的州允许检察官提起上诉,因此驳回起诉的案件过滤在很大程度上不受审查;另一方面,对无罪判决上诉的严格限制,更是赋予法官

---

① John M. Dawson, et al., *Prosecutors in State Courts, 1990*, Washington: USGPO, 1993.

② 一般而言,服务人口超过 100 万的检察官办公室可以被称之为大型检察官办公室,服务人口在 25 万至 100 万之间被称之为中型检察官办公室。大型检察官办公室仅占全美检察官办公室的 1.8%,平均雇员为 535 人;中型检察官办公室仅占全美检察官办公室的 9.1%,平均雇员为 131 人。美国绝大多数检察官办公室为微型检察官办公室,服务人口不足 10 万人,平均雇员为 10 人,微型检察官办公室占全美检察官办公室的 59.6%。参见 Steven W. Perry and Duren Banks, *Prosecutors in State Courts, 2007*, Washington: USGPO, 2011。

③ 参见〔美〕约书亚·德雷克斯、艾伦·C. 迈克尔斯:《美国刑事诉讼法精解:第二卷·刑事审判》(第四版),魏晓娜译,北京大学出版社 2009 年版,第 117 页。

④ 同上书,第 119 页。

在判决无罪时极大的自由裁量权。

（3）平行的权力分配

正如达玛什卡所说，除了具备极大自由裁量权时，美国的权力分配还表现出很强的平行分配的特征，这种平行的权力分配使得检察官、法官和警察的自由裁量权不会受到内部的审核。而要实现类似中国公安、司法机关的内部审查的必要条件，就是权力在机构内部呈等级秩序的倒金字塔式分布，每一上层梯队都承担着更大的责任，也享有更大的权势。[①] 这种内部的纠错机制，在权力平行分配的机构中是无法想象的。比如在美国一个法官作出的不予逮捕的决定，并不会影响到他同一法院的其他法官。换言之，同一法院的法官完全可能作出完全相反的决定。但是，这种相反的决定并非意味着前一法官“犯了错误”。因此对案件过滤，美国尚未建立起与中国相类似的内部审批机制。

可见，由于嵌入了与中国截然不同的制度环境，美国的案件过滤具备了与中国截然不同的价值导向，并因此形成了一系列与中国不尽相同但却极大符合美国功利导向案件过滤制度需求的各种工作机制。这些工作机制的存在，极大地便利了相应主体不受限制地做出案件过滤的行为，于是，一个比中国高出许多的案件过滤比率，就应运而生了。

（二）制度环境影响下的案件过滤实践的同构

在宏观、中观和微观制度环境的共同影响下，美国刑事诉讼中案件过滤的实践发生了一定程度的同构。这种同构表现在案件过滤都是基于功利的考量，而不是基于纠正错误的导向，同时，警察、检察官、法官、大陪审团和小陪审团均没有意愿来积极控制案件过滤比率。然而需要指出的是，由于在美国刑事诉讼场域中缺乏纵向主体的介入，因此美国案件过滤机制的同构程度要远远低于中国。在新制度主义

---

① 参见〔美〕米尔伊安·R. 达玛什卡：《司法和国家权力的多种面孔——比较视野中的法律程序》，郑戈译，中国政法大学出版社 2004 年版，第 29 页。

者看来，纵向主体的介入，比如上级法院、检察机关和侦查机关的介入能够产生强制同构的效果，因此它加速了某个场域范围内制度的同构程度。而在美国的刑事诉讼场域中，上级主体介入的缺位使得场域中的主体以一种相对独立的状态进行运作，其同构缺乏一种有力的上级强制（强制同构），而更大程度上是一种自致同构。这种同构使得美国刑事诉讼的案件过滤机制虽然共同地追求多元的目标，但是多元目标的具体内容却各不相同，各地实践有不同程度的差异。

（三）刑事诉讼场域中的独断模式

虽然，美国国内主张的诸多改革已经要求加强检警合作，《国家检察标准》（第 2 版）就专门提出了如何加强日常交流的建议，比如参加警察的体育联盟和参加警察的晋升、退休仪式等。[①] 通过一系列的努力，美国检警之间的交流确实有加强的趋势。然而，两机关的充分合作却面临着结构障碍。因此，无法形成与中国类似的协商型的案件过滤实践。

1. 特定的资源依赖关系无法形成组织的互信

与中国刑事诉讼一致的是，美国独断型的案件过滤关系也与案件过滤过程中的资源依赖关系密切相关。在美国的刑事诉讼中，侦查、检察和审判主体也是基于从制度环境中获取合法性的目标而进行案件过滤的实践的。与中国不同的是，在案件过滤的过程中，美国的警察局、检察官办公室和法院之间没有，也无法形成如同中国公安司法机关那般深刻的共生性互依关系。笔者将在下文的论述中证明，美国的相关机关之间形成了彼此相对独立的合法性资源生产实践，此种实践，最终导致了美国独断型案件过滤机制的生成。

首先，在美国，警察的表现主要通过破案率来考核，破案率的考察无需检察机关提供任何资源，因此，美国的警察机关具有自我生产资源的能力。其次，美国检察官的考核主要通过起诉案件的定罪率来实

---

① 参见 *National Prosecution Standards*, Second Edition, NDAA, 1991, Standards 19.2。

现，虽然案件的质量会直接决定检察官定罪率，但是检察官可以通过有效过滤“弱案件”的方式，自主实现对案件质量的提升，这种实践也使检察机关获得了资源方面的自给自足。最后，美国的法官也不以无罪判决比率作为考核其表现的指标，因为通常情况下，无罪判决并非法官作出，而是由陪审团作出。面对检察官提交的质量存在“瑕疵”的案件，法官完全可以径直进行案件过滤。可见，严格来讲，在案件过滤时，美国的警察和检察官之间可以完全独立，而美国的检察官却对法官具有一定的依赖性，法官案件过滤的比率将会直接影响检察官的考核。

有趣的是，尽管美国检察官行为的合法性需要依赖法院判决，但他们却通过各种方式降低对法院的依赖。这便是资源依赖理论的重要发现，组织对另一个组织的依赖程度与资源的可替代程度呈反比，这个资源越是不可替代，组织对提供资源方的依赖程度越高。同时，组织还会尽量通过自己掌握资源的方式来降低对其他组织的依赖。在刑事案件过滤的场域中，如果检察官所有的案件最终都需要通过法院定罪，美国的检察官无疑会极度地依赖法官的行为。然而在实践中，美国的检察官自己发明了一套辩诉交易制度，通过辩诉交易的案件，仍然可以被统计进入定罪率。通过此种行动策略，美国的检察官就降低了其对法官的依赖程度。虽然法官理论上具有否定辩诉交易协议的可能性，但在实践中这种比例很低，不会高于2%。因此，检察官一方面可以通过在起诉前过滤警察机关移送案件的方式提升定罪率，另一方面在起诉之后，又可以通过辩诉交易的方式实现定罪的目标，这两种手段的有效获得也使得美国的检察机关实现了自给自足。从资源依赖角度来看，在美国刑事诉讼的案件过滤过程中，侦查、检察和审判主体各自基本控制着自身所需资源的生产，受到其他主体的影响很小。也就是说，虽然检察机关并非完全脱离警察局和法院而存在，但是在案件过滤机制方面，它对于二者的依赖很小，并且这种依赖通过检察官办公室自身的制度设计，就可以有效地降低，最终，它们之间形成与中国截然不同的独断型案件过滤机制就顺理成章了。

当然，随着20世纪80年代以来美国本土对案件损耗关注的增加，案件过滤比率在某种意义上具有了评价警察、检察官和法官绩效的作用。因此，才会有本书第二章中提到的各种合作的尝试。然而，这种尝试的收效是十分有限的。一方面，以案件损耗来否定警察、检察官和法官绩效的社会意识还没有完全形成，或者说即使形成，它仍然从属于美国刑事法律文化中对不枉的重视和对效率的强调。另一方面，在美国，相应的配套工作机制完全无法胜任中国式协商与合作对于紧密共生性互依的要求。警察机关仍然没有将案件过滤比率纳入其绩效考核的范畴之内，因此仍然没有动力来影响案件过滤的行为。因此，McDonald 所说的检察官虽然通过改革会及时告知警察案件处理的情况，但是这种处理情况很少被告知原来的承办警员，承办警员对此也不甚关注。[①]

2. 多元的刑事政策无法产生共识

美国的警察、检察官和法官以及大小陪审团之间都有不同的政策追求，这样多元的政策，使得它们之间很难形成类似于中国的"政法机关共识"。McDonald 指出，美国检警之间合作的最大障碍就在于彼此的不信任(distrust)导致的相互抱怨(complaint)。职业认同感的缺失，导致了对特定行为缺乏有效的共识。

3. 较高的人员流动性影响了组织的协商

从理论上将，检警之间的合作可以依赖正式的社会结构和非正式的社会结构。从两机关关系而言，二者均属于法律执行部门，因此，具有正式的联系。然而，这种正式的联系十分依赖通过友谊和合作建立起来的非正式的私人联系(personal tie)。前文已经提及检察官由选举产生，同时也指出选举产生的检察官通常会重新任命检察官办公室的人员。这种高频率的人员更替以及由此导致的案件移送操作的变化，给美国检警之间的充分合作制造了不可逾越的制度障碍。

4. 权威主体的缺失无法有效协调矛盾

美国各机关之间不协作的原因还在于各主体之间存在着协调集

---

① 参见 W. F. McDonald, et al., *Police-Prosecutor Relations in the United States: Executive Summary*, Washington: USGPO, 1982。

体行动的大难题——组织和偏好协调的双重协调难题。一方面，在组织上这些主体或独立或隶属于不同的部门；另一方面，主体之间缺乏一个协调矛盾的平台。这与中国各地政法委统一协调下的"政法力量"截然不同。

因此，中国式非独断的运作模型（强调协商与合作），从总体上与美国的司法制度是不相兼容的，它即不符合美国人所强调的分权制衡的理念，同样也与社会公众的认识格格不入。中国的侦查、起诉和审判主体的关系与美国的显著不同，美国检察官和警察之间的合作常常是短期的，为了一时方便而进行的松散合作，并且这种合作也基本不会出现中国刑事诉讼案件过滤过程中出现的制度化的商议甚至是交易情况。

（四）仪式与实践的脱耦

尽管刑事程序规则主要是"自上而下"颁布的，但是在美国警察日常的执法过程中，法律却呈现迥然不同的面孔。这在很大程度上是因为美国联邦最高法院及各州最高法院对警察活动缺乏日常的监督手段。Williams 就直言："巡警会贯彻执行最高法院所确立的政策？对此我毫无把握。"[①]实际上，美国的法律和判例赋予了刑事诉讼的各机关以硬约束的权力：① 美国的检察官需要对警察的侦查行为进行指导并可调查警察的不当行为；② 法官可以对检察官提出的辩诉交易进行审查。在某些地方，法官还可对检察官不予起诉的决定进行审查。与中国相似的是，在政治实践、法律制度、司法需要和机关利益的共同杂糅和交织之下，美国刑事诉讼中各机关间由于约束失效而出现了各自为政的局面。

在美国的实践中，检察官很少以监督者自居，因为他们在很多时候依赖警察部门搜集证据，以确保案件在庭审得以定罪。虽然，检察官具有对警察违法行为展开调查的权力，但美国大多数检察官通过选

① Gregory H. Williams, "Police Discretion: The Institutional Dilemma — Who is in Charge?" *68 Iowa L. Rev.* 431, 437(1983).

举产生的事实，使得该权力难以落实。有学者指出，对犯罪打击的强调，可能会使民众更愿意接受警察部门的行为。如果检察官对警察行为限制过多的话，则会被认为是打击犯罪不力[①]，这种负面影响将会影响检察官的下次选任。如果检察官过多地介入警察部门的侦查活动，在选举中，他们还可能受到警察协会（Police Union）的集体抵制。因此，打击犯罪的司法需要以及由民选产生的政治实践，使得美国检察官对警察的约束趋于失效。

与检警关系类似，美国的检法关系之间原有的制度约束也因政治实践和机关利益而被稀释。虽然法官可以侵害公共利益为由否定辩诉交易，然而这种情况并不多见，法官几乎是自动地批准各种辩诉交易。[②] 批准辩诉交易是法官解决日益严重的案件负担的唯一途径。即使在案件负担并不严重的法院，法官介入辩诉交易仍十分困难。因为法官无法在正式审判之外获取足够的证据以支持其对案件的审查，尤其是他们无法对证人证言进行审查[③]（证人证言需要在法庭上通过对抗制的形式揭示），这使法官在决定是否介入辩诉交易时显得犹豫不决和缺乏底气。同时，如果法官大范围地介入辩诉交易，很难解释为什么不让法官大量地介入对陪审团决定的审查。[④] 根据20世纪80年代末期的一项实证调查，法官仅仅拒绝了2%左右的辩诉交易的申请。[⑤] 除了不影响辩诉交易之外，在美国的司法实践中，如果检察官决

---

① 参见 Jeffrey Fagan and Tom Tyler, "Legitimacy and Cooperation: Why Do People Help the Police Fight Crime in Their Communities?" *Ohio State Journal of Criminal Law* 6 (2008)。

② 参见 Albert W. Alschuler, "The Trial Judge's Role in Plea Bargaining," *76 Colum. L. Rev.* (1976)。

③ 参见 William T. Pizzi, "Understanding Prosecutorial Discretion in the United States: The Limits of Comparative Criminal Procedure as an Instrument of Reform," *Ohio State Law Journal*, Vol. 54。

④ 同上注。

⑤ 参见 Steven R. Schlesinger and Marianne W. Zawitz, *Report to the Nation on Crime and Justice*, Washington: USGPO, 1988。

定不予起诉,通常情况下没有机制会允许法官进行司法审查,即使在部分允许此类审查的地方实践中,法官也不会严肃地对待这一权力。因此,检察官在决定是否起诉时具有极大的裁量权,即使证据很充足的情况下也可以不予起诉。国外学者就把检察官的裁量权概括为"恣意和任意"(arbitrary and haphazard)①。

可见,在美国的刑事司法实践中,各种制度约束由于诸多因素的影响而被削弱并失效,警察、检察官和法官在各自的工作领域内享有几乎不受约束的权威和裁量权,仪式与实践之间发生脱耦。

① William T. Pizzi, "Understanding Prosecutorial Discretion in the United States: The Limits of Comparative Criminal Procedure as an Instrument of Reform," *Ohio State Law Journal*, Vol. 54.

第五章　中美案件过滤机制对刑事诉讼的影响

一、中国式案件过滤机制对刑事诉讼的影响

中国式案件过滤机制的运作，降低了整个刑事司法错放有罪的可能。同时，由于对案件过滤采取了较为审慎的态度，中国刑事诉讼中无罪判决率和案件过滤比率要远低于美国，这是中国案件过滤机制运行的必然结果。当然，由于制度约束的软化和消解，中国式案件过滤机制的良性运作，必须时刻防止公安司法机关由共赢向共谋转变，尤其在面对受到案外因素影响的特殊刑事案件时，此种趋势变得更加难以抑制。

（一）中国式案件过滤机制的正面效用

中国式案件过滤机制能够应对刑事诉讼中绝大多数的公诉案件，并确保降低错放有罪的风险。对存在争议的案件，也就是实践中的疑罪，公安司法机关采取的是相对慎重的态度，而非直接疑罪从无。这与我国刑事诉讼重打击犯罪密不可分——公安司法机关在防止放纵有罪方面显得小心谨慎。这一切都与纠错的导向密切相关。同时，协商型的运作环境，客观上为纠错提供了充足的交流与合作。这些交流与合作协商，至少从两方面防止了有罪的人逃脱法律制裁。

1. 对交流的强调，避免了因公安司法机关之间沟通不足而导致刑事案件无谓损耗

由于出现疑罪的原因之一是公安司法机关对同一事实存在分歧，而通过交流，能很好地消除部分分歧。对同一个刑事案件，由于办案角度不同，不同的办案机关，甚至相同办案机关的不同部门在事实认定和法律适用方面，势必可能产生不同认识。此种不同认识，也是案件过滤机制得以存在的前提。当然，在当前公安司法机关人员素质，

尤其是检察机关和审判机关人员从资质、知识背景等诸多方面都差不多的情况下，我们无法必然得出检察机关的认识就一定优于公安机关，审判机关就必然比公诉机关来得正确。因此，如果没有机关之间在采取案件过滤前的协商，可能有许多案件就会因为沟通不足而被案件过滤，案件过滤机制的纠错功能也将会大大下降，甚至会起到相反的作用。有部分事实上有罪，证据可能暂时不足，通过补充证据能够解决的刑事案件可能会因为缺乏必要的协商而被排除在刑事追诉之外。中国式案件过滤机制对协商和沟通的强调，能够在很大程度上消除公安司法机关之间以及机关内部部门之间不应有的分歧，从而在一定程度上消除不必要的案件过滤。

2. 中国式案件过滤机制中的非独断要素（沟通 + 协商）为进一步补充证据指明方向，诉讼回流的应用又为证据补充提供了制度渠道

协商型的案件过滤机制很好地满足了刑事诉讼对探知实体真实的要求，尤其是考虑到我国公安机关的侦查技术手段、装备落后，侦查力量有限的现实。[①] 除了技术上的不足，理念更新不及时也是造成疑罪的重要原因。这主要表现在：① 重破案轻证据的侦查观念仍然占据主导地位；② 取证、固证意识不强；③ 证据种类单一，重口供轻其他证据，重言词证据轻实物证据，重传统证据轻新型证据如视听资料等；④ 取证形式不规范，影响证据效力。可见，受制于诸多方面的因素，我国现阶段的侦查技术和侦查能力在整体上还是相对落后的。因此，侦查之后产生疑罪的可能性很大，如果采用严格的标准直接进行案件过滤，势必会有大量的有罪之人逃避法律的制裁。因此在中国式案件过滤机制中，补充侦查制度的常规化就成为司法实践的客观需要。

虽然对公安机关补充侦查存在着诸多的批评，但是我们必须承认，通过补充侦查，刑事诉讼的精确性被显著提升了。许多案件如果第一次移送时通常可能需要被案件过滤，然而这些案件中的绝大部分通过引导取证之后，均能达到逮捕、起诉或者定罪的标准。

举例而言，检察机关在审查起诉阶段具有两次退查的权力，如果

---

① 参见黄烨：《论补充侦查制度》，载《中国刑事法杂志》2005 年第 4 期。

一个案件证据不足,检察机关会用尽两次退查的权力,并最终决定案件的走向。然而,在绝大多数情况下,检察机关只在公安机关一次退查之后就选择作出起诉的决定,意味着绝大多数案件通过补充侦查可以达到检察机关审查起诉的标准。学者左卫民等人在四川省四地检察机关的调研中发现,四地检察机关 2002 年至 2005 年间所有补充侦查的案件中,有 69.96% 的案件在一次补充侦查结束后就作出了起诉的决定。换言之,只有将近 30% 的案件进行了二次补侦。二次补侦后最终的起诉比率为补充侦查案件的 85.66%。[①] 在绝大多数情况下,检察机关在公安机关第一次补侦后就选择了起诉,这说明,通过补充侦查案件的证据情况得到了改善。这一事实的反面同样说明,若像美国司法实践那样,未经补充侦查就直接将案件过滤,势必会放纵大量犯罪。这与我国追求实体真实的诉讼理念是格格不入的。因此通过公安司法机关之间的协商,做到提前介入和办案引导,案件传递过程中由于缺乏沟通而导致的无谓案件损耗,就可以得到有效避免。这样经过沟通之后,若仍认为应当"淘汰"的案件才是真正应当被过滤的案件。

总的来说,中国式案件过滤机制,能在很大程度避免刑事公诉案件的无谓损耗。在一般公诉案件的案件过滤过程中,仍主要以事实为依据——"定不定得起",因此案件过滤机制中的协商要素的存在,事实上使原来"定不起"的案件转变为"定得起"。经此机制反复实践,最终被案件过滤的案件就真可谓经历了诸多考验"真正定不起"的"铁案"了。正因如此,中国式的案件过滤机制借助内部审批程序和外部合作环境,最大限度地防止了有罪之人逃脱法律制裁。

(二)中国式案件过滤机制的负面影响

任何制度都是一把双刃剑,绝对完美的制度是不存在的。因此我国"国家垄断 + 单一目标 + 非独断"的案件过滤机制,也不可避免地产

---

① 参见左卫民等:《中国刑事诉讼运行机制实证研究》,法律出版社 2007 年版,第 217—226 页。

生了负面影响。一方面,中国式案件过滤机制在降低放纵有罪之人可能性的同时,也降低了通过案件过滤拯救无辜之人的可能性;另一方面,中国式案件过滤机制常态化的诉讼回流运作,还会使无辜的嫌疑人无法及时从刑事诉讼中"逃脱",从而降低了整个案件过滤机制的运作效率。

1. 增加错判无辜的风险

中国式案件过滤机制的主体要素和运作要素的特征,均降低了无辜之人被拯救的可能。国家垄断和非独断两者中的任何一个,都有可能成为案件过滤的制度约束并显著降低相关主体"纠错"的动机与愿望。然而,我国刑事诉讼案件过滤机制却是两大要素的结合。这就在最大限度上"扼杀"了通过案件过滤纠正错案的可能。

首先,从主体要素来看,国家垄断使得案件的过滤在封闭场域内进行。由于缺乏必要的外部视角和非功利的考量,国家机关的内部视角和功利考量可能成为阻碍案件过滤并最终滋生错案(冤枉无辜)的重要诱因。同时,案件过滤主体的权力完全被国家机关垄断。由于社会主体缺位,无法对刑事诉讼的运作,尤其是无法对国家机关滥用职权,对公民进行的不当追诉实施有效监督。同样重要的是,由于被告人及其辩护人在案件过滤决策过程中的缺位,国家机关在刑事案件过滤中"一统天下",缺乏竞争对手。

其次,从运作要素来看,非独断性为案件过滤设定了诸多障碍,并制度化地降低了错案被及时过滤的可能。一方面,制度环境中对过高案件过滤比率的负面评价,使得案件过滤的行动在我国刑事司法场域中需要面对来自内外两方面的审核。内部的案件过滤审批制度成为具体案件承办人员进行案件过滤的桎梏和枷锁,外部的制约机制也为案件过滤设定了远高于不过滤的风险和成本。因此,承办人员在此种制度环境下,自然会倾向放弃对案件进行过滤。另一方面,各主体之间基于案件过滤的互相制约,使得整个公安、司法机关具有制度化压低案件过滤比率的冲动。本书有关中国案件过滤实践章节中提及的公安机关撤捕和撤回移送审查起诉,以及检察机关撤回公诉行为,均是案件过滤主体为控制不捕率、不诉率和无罪率而进行的司法实践。

公安、司法机关之间良好的协作关系,更为此种制度化控制案件过滤提供了良好的环境。

2. 降低刑事司法的效率

除了提升错判无辜的风险之外,中国式案件过滤机制目标要素和运作要素的结合,还在很大程度上影响了整个刑事司法的处断效率。

首先,从目标要素来看,中国式刑事诉讼案件过滤机制的目标以纠错为核心。其余目标导向要么没有得到全面推行,要么被视为异端,这使得一些本该被无罪处理的案件仍然停留在刑事诉讼内,从而增加了整个刑事司法体系的负担。李昌林教授曾经统计过 2002—2008 年被逮捕嫌疑人最终的判决情况,其中被宣告无罪、免除处罚、宣告缓刑、判处拘役、判处管制、单处附加刑等 6 种情形的比例高达总案件的 29. 39% ,其中 2008 年被逮捕的嫌疑人最终被判处“六种情形”的更是高达 38. 31% 。[①] 不可否认,能够适用“六种情形”的案件,在情节上通常是较为轻微的,它们中必然有部分是“情节显著轻微”并可以无罪处理的。纠错目标的一家独大限制了其余目标应有的导向作用,从而在一定程度上加重了刑事司法系统的负担。对于此种现象,有学者就指出,许多地方的公安机关或检察机关对某些轻微的刑事案件、某些罪与非罪不清的案件、某些可追究可不追究的案件、某些几乎穷尽了可能而仍不能收集更充分证据的案件,不惜成本,不顾期限,无休止地进行无为的侦查,或者在无任何新证据的情况下一次次将已被否定的案件移送检察机关起诉,或向法院提起公诉。[②]

其次,中国式案件过滤机制的一个重要特征就是诉讼回流的固定化。任何一项制度都是一把双刃剑,补充侦查制度也不例外。它一方面有利于实现刑事诉讼的目的,保证准确、及时地查明犯罪事实,正确适用法律,惩罚犯罪分子,保证无罪的人不受刑事追究;另一方面又对

---

① 参见李昌林:《审查逮捕程序改革的进路——以提高逮捕案件质量为核心》,载《现代法学》2011 年第 1 期。

② 参见李建明、陈爱蓓:《刑事司法过程的社会效果与社会成本——关于刑事司法效率的思考》,载《南京师大学报》(社会科学版)2005 年第 1 期。

犯罪嫌疑人、被告人的合法权益带来极大的威胁,甚至造成超期羁押。[①] 尽管诉讼回流对查证事实具有正面作用,但不分青红皂白地启动回流,将会影响诉讼流程的通畅程度。[②] 前文已指出,在无罪处理中,补充侦查已经成为常态,并且有时候补充侦查只是一种形式,是公安、司法机关协商的重要工具,其查证事实的作用相对有限。比如检察机关明知道公安机关能补充足证据的可能性很小,仍然会要求退查。在案件的来回折腾中,诉讼效率被大大降低了。

二、美国式案件过滤机制对刑事诉讼的影响

本书前面章节的分析已揭示,三大要素的结合形成了美国独特的刑事诉讼案件过滤机制——公开、多元与独断。从实效上看,美国案件过滤机制的三大要素均对提高美国案件过滤比例起到了正面作用。① 主体要素的公开参与,打破了国家主体对案件过滤权力的垄断,使案件过滤实践得以在相对开放的空间内进行。② 多元的目标导向,大大拓宽了刑事案件中可能被过滤的案件范围。③ 独断型的权力运作方式,还在客观上为案件过滤实践的展开提供了较为宽松的环境。权力主体在进行案件过滤时较少受到来自内部的审批与外部的干扰。在这些因素的共同形塑下,美国刑事诉讼案件过滤机制能够最大化地实现对案件的过滤,因此出现较高的案件过滤比例。当然,绝对完美的制度并不存在。从结果来看,美国的案件过滤机制给该国刑事诉讼带来了正面和负面的双重影响。

(一)美国式案件过滤机制的正面效用

1. 极大降低了刑事司法系统的负担

众所周知,任何国家投入到刑事司法系统中的资源都是有限的。

---

① 参见黄烨:《论补充侦查制度》,载《中国刑事法杂志》2005 年第 4 期。

② 参见黄昌兴、陈业:《关于公诉"五率"考核不诉率之思考》,载《中国检察官》2006 年第 6 期。

针对这一共同问题,陈瑞华教授就认为:“法律程序的设计应满足经济效益的要求,即确保其对经济资源的耗费降低到最低程度。”①美国式案件过滤机制目标要素和运作要素的特征,极大地提升了案件过滤的效率。一方面,多元的目标导向,扩大了案件过滤的范围。基于纠错、宽宥、效率和功利的目标而进行的案件过滤均是正当的。另一方面,案件过滤过程中的独断属性,也为大范围的案件过滤提供了宽松的组织场域。因此,从结果看,美国案件过滤机制极大地降低了刑事司法系统的负担,并提升了整个系统的平均处断效率。这又可以从三个方面来阐述:

第一,高效的案件过滤机制有利于降低刑事司法系统的积案。本书第二章的数据已经揭示,若没有案件过滤机制,美国州司法系统处理刑事重罪案件将增加 78.6% 。

第二,在降低积案的同时,高效的案件过滤机制还极大地缩短了案件处断的时间。从数据来看,尽管美国刑事审判的效率较为低下,但 2006 年全美州重罪案件的平均处断时间却仅为 92 天(从逮捕时起算)。② 这其中案件过滤机制功不可没,它可以在尽可能早的阶段将一些不适合停留在刑事诉讼中的案件予以过滤。

第三,案件过滤还使有限的司法资源能够集中起来解决剩余的案件,这也为提升效率提供了可能。

2. 最大化地避免错误追诉

美国刑事诉讼案件过滤机制给该国刑诉带来的另一个正面影响就是能够最大化地避免无辜之人受到追诉。正如前文指出的那样,纠错也是美国刑事诉讼案件过滤机制的重要目标之一。各主体对证据不足案件的充分过滤,无疑具有避免错误追诉的功能。美国案件过滤机制的公开和独断两大特征,恰恰有助于最大限度地实现对证据不足案件的过滤。一方面,社会主体的公开参与打破了国家主体对案件过滤权力的垄断,从而增加了错误追诉被纠正的可能。另

---

① 陈瑞华:《程序价值理论的四个模式》,载《中外法学》1996 年第 2 期。

② 数据来源:T. H. Cohen and T. Kyckelhahn, *Felony Defendants in Large Urban Counties 2006*, Washington: USGPO, 2010, p: 10。

一方面,案件过滤权力运作的独断性,更为有效过滤错误追诉提供了约束较小的制度环境。权力主体在进行案件过滤时,既较少受到来自组织内部层层审批的限制,也不太需要担忧来自其他主体之间抵制、反对和审查。为此,有美国学者宣称:“美国的刑事司法虽不能保证有罪之人都受到法律惩罚,但却能保障无罪之人不受法律制裁。”①

(二)美国式案件过滤机制的负面效应

美国多元目标导向的自决型案件过滤机制,在给该国刑事诉讼带来正面效应的同时,也不可避免地产生了负面影响。它在一定程度上降低了美国刑事诉讼事实认定的准确性。因为,如果我们接受“绝大多数被指控的人事实上有罪”的假定,进一步的推论只能是,与平等对待有罪无罪之人的程序相比,关注保障无辜的程序将会导致更不可靠的诉讼结果。② 因此,美国刑事诉讼在探寻案件事实和区分罪与非罪方面是不够成功的。Pizzi 认为,刑事审判应该能够精确地区分罪与非罪,并且施加的惩罚必须是恰当的,然而美国的刑事诉讼却做不到这一点,美国的刑事审判的结果是不确定的,有时候让人感觉就像是在“丢骰子”。③ 有 20 余年工作经验的纽约州高等法院法官 Rothwax 也在其著作中指出:“如果我们的目标是为了公正和探寻案件的事实,这个目标不仅仅是失败了,并且是以一种极其悲惨的方式失败了。”④

---

① R. S. Frase, The Search for the Whole Truth about American and European Criminal Justice, *3 Buffalo Criminal Law Review* (2000).

② 参见〔美〕约书亚·德雷克斯、艾伦·C. 迈克尔斯:《美国刑事诉讼法精解:第二卷·刑事审判》(第 4 版),魏晓娜译,北京大学出版社 2009 年版第 27 页。

③ William T. Pizzi, *Trials without Truth: Why Our System of Criminal Trials Has Become An Expensive Failure and What We Need to Do to Rebuild*, New York University Press, 1999, p. 69.

④ Harold J. Rothwax, *Guilty: The Collapse of Criminal Justice*, New York: Random House, 1996.

在权力运作方式之上,美国的刑事诉讼案件过滤机制呈现出显著的独断性。它突出表现在过滤主体之间在进行案件过滤时缺乏必要的沟通和协作。独断性是一把双刃剑,它在为案件过滤带来便利的同时,也给美国刑事诉讼带去了案件的无谓损耗。有数据显示,1987 年全美警察部门逮捕的犯罪嫌疑人中,最终被检察官提起公诉的仅占总数的 50%,也就是说,有一半的案件仅在检察官审查案件阶段就被损耗了。[1]

现有的研究认为,在刑事诉讼中,有些案件损耗不可避免,但有些损耗却是不必要的(unnecessary)。高案件损耗率的一个重要原因在于警察侦查的质量低下。"很明显,警察并没有干好本职工作,他们没有搜集所有的证据从而促成起诉的成功,尽管这些证据完全是可以搜集到的。"[2]此外,对警察个人的考评机制,也进一步加剧了此种侦查的"低质量"。在美国,大部分警察都认为,他们的工作在逮捕犯罪嫌疑人后就完成了,而公诉是检察官的工作。根据 McDonald 教授的实证调查,"逮捕案件的定罪率"被警察认为是最不重要的考察指标之一[3],警察缺乏动机来改善侦查的质量。必须指出,在绝大多数警察移送给检察官的案件中,证据都没有达到足以庭审的标准,警察是依据合理怀疑(probable cause)的标准移送案件的,这种标准与定罪标准有较大差距。"一般来说,除了影响很大的案件外,将案件的证据证明能力由'合理根据'提升到足以审判,被认为是为检察官卖命。警察无法

---

① 参见 J. Petersilia, et al., *Police Performance and Case Attrition*, Washington: USGPO, 1987。

② James Garofalo, "Police, Prosecutors, and Felony Case Attrition," *Journal of Criminal Justice Vol. 19, (1991)*.

③ 警察更加重视的是逮捕数量和破案率。McDonald 等人对纽约市和华盛顿特区 180 名警官进行了访谈,得出的结论是,在 16 个上司用以衡量下属业绩的指标中,"逮捕案件的定罪率"排名最后。参见 W. F. McDonald, et al., *Police-Prosecutor Relations in the United States: Executive Summary*, Washington: USGPO, 1982。

从这种行为中获得任何个人的或者组织的利益。”[1]因此，在美国，警察移送案件的质量要远远低于我们国内一些学者的预期。

除了警察侦查质量低下之外，美国司法部发布的报告《警察表现与案件损耗》中还指出，案件损耗比例过高的原因还包括警察无法提供给检察官以充分的证据，而这又是因为警检之间缺乏交流造成的。[2]检察官在诉讼期间无法有效地补充证据。在多数情况下，检察官需要说服警察去补充证据，并且警察可能并不买账，因为他们可能认为证据已经无法补充或者没有补充的必要。[3] 美国许多司法区的检察官都报告说，只要刑事案件被接受之后，再让警察进行进一步调查就变得十分困难。[4] 检察官仅可以就案件侦查提出自己的意见，但是无权指挥或者监督侦查活动，很少会退回补充侦查。[5] 检察机关和警察机关是互相独立的机构，检察官无权指挥或监督警察的侦查活动，因而实践中检察官很少要求警察补充侦查，而多愿意采取自行补充侦查或不提起公诉。但是，限于侦查技术、设备、技术人员等方面的原因，检察机关也很少自行补充侦查，而愿意作不起诉处理。[6] 可见，检警之间缺

---

① W. F. McDonald, et al., *Police-Prosecutor Relations in the United States: Executive Summary*, Washington: USGPO, 1982.

② 参见 J. Petersilia, et al., *Police Performance and Case Attrition*, Washington: USGPO, 1987, p. 34。

③ 这一点在笔者的访谈中也得到的验证。Richman 教授指出，如果检察官希望补充证据，他们需要说服警察部门，有的时候警察部门并不买账，从而造成案件最终被撤销。（访谈编号 CDR-2）这也是为什么在近期的改革中，检察官办公室开始依靠自己招募专门的证据调查人员（attorney squad），而不是依靠警察来补充调查证据。参见 Daniel Richman, Prosecutors and Their Agents, Agents and Their Prosecutors, *103 Colum. L. Rev.* 749（2003）。

④ 参见 W. F. McDonald, et al., *Police-Prosecutor Relations in the United States: Executive Summary*, Washington: USGPO, 1982。

⑤ 参见赵晓磊：《从审查起诉阶段的补充侦查辨析检警关系》，北京检察网 http://www.bjjc.gov.cn/bjoweb/minfo/view.jsp? DMKID = 157&XXBH = 15180。访问时间：2012 年 3 月 6 日。

⑥ 参见黄烨：《论补充侦查制度》，载《中国刑事法杂志》2005 年第 4 期。

乏沟通导致了大量本该被定罪的案件被无谓地损耗。这种损耗极大地降低了美国刑事司法的准确性。美国公认司法系统低效的代表是新奥尔良。作为全美凶杀案件最多的地区之一,新奥尔良杀人案件的定罪率常年低于25%。该地检察官与警察系统间的紧张关系,也是人所共知的。对侦查部门移送的暴力犯罪的案件,检察官办公室通常会拒绝其中60%的损耗。[①] 新任检察官的年度工作报告中就指出,这些无谓的案件损耗,主要来源于长期缺乏合作(longstanding lack of cooperation),并认为改变现状的第一步就是与警察部门建立系统的协作关系(Systematic Coordination),从而将刑事司法体系完全一体化(fully integrate criminal justice system)。

同时,权力运作的独断性在降低美国警察和检察官交流与协作可能性的同时,还为案件过滤提供了宽松的环境。在中国,相关主体作出逮捕、起诉和有罪判决等决定时,往往不会遇到过多的阻碍,而如果作出不予逮捕、不予起诉和无罪判决等案件过滤时,相关主体就需要面对来自内外两个层面的约束。关于这一点在美国正好相反,第二章的论述已经指出在美国相关主体作出逮捕、起诉和有罪判决等决定时,是会受到一系列外部审查的,比如,检察官的起诉行为就可能要受到预审法院和大陪审团的审查。但是,在美国,相关主体进行案件过滤却是基本不受审查的,检察官不予起诉和辩诉交易的权力是几乎不受限制的;预审法院驳回起诉的行为也很少受到上诉;小陪审团的无罪判决基本是"免疫"于一切审查。可见,这种与中国截然相反的实践,使得美国的案件过滤主体在进行案件过滤时多少有些肆无忌惮。尤其当这种肆无忌惮遭遇了功利导向时,其结果似乎可以预见。

最后,目标导向上的多元属性也是一把双刃剑。它一方面扩大了刑事诉讼案件过滤的范围,从而为有效过滤提供了可能,同样也是因为过滤目标的多样性,使美国刑事诉讼无法有效地避免放纵犯罪。在

---

① 数据来源 E. J. Jordan, *Toward a Fully Integrate Criminal Justice System*, Orleans Parish District Attorney Annual Report, 2005, pp. 1-3。

前文的论述中,笔者已经指出,效率、宽宥和功利的目标导向均与纠错有很大的差别。纠错是为了避免刑事司法中的冤枉无辜。而基于效率和宽宥两种目标考量而进行的案件过滤,在严格意义上是放纵犯罪——将部分证据充分的案件过滤在刑事诉讼之外。更为重要的是,功利化的目标导向,在实践中可能降低检察官补充侦查的积极性,从而进一步提高放纵犯罪的风险。

结　语

通过本书,笔者以实证的方式和类型学的分析向读者详细展示了中美两国刑事案件的案件过滤机制,正是这些机制的存在,使得刑事案件获得了在诉讼的各个过程中“逃离”刑事诉讼的可能。虽然中美两国案件过滤制度从表面上看并无显著不同,皆是以特定的方式将刑事案件排除出刑事追诉,并终止诉讼程序的一种行动。然而,如果我们以实证的方法来考察两国案件过滤机制的实际运作,就会发现二者存在着根本的不同。从某种意义上讲,中美两国案件过滤机制处于两个极端。造成差异如此悬殊的原因就在于,两国案件过滤主体在各自截然不同的制度环境中运作。在宏观、中观和微观制度的共同作用之下,各国的案件过滤主体都自觉或者不自觉地发生着某些改变,并最终在制度环境中不断同构。可以说,是中美两国的制度环境形塑了两国案件过滤机制。

具体而言,中国的案件过滤表现出以纠正错误为导向,力图准确地区分罪与非罪。在区分的过程中,公安司法机关之间以协商的方式来交流、协作、商量甚至是交易。于是,案件过滤比率被严格控制,非必须的诉讼回流转变为必须,非常态的案件过滤机制转变为常态,正式的机制逐渐被规避。在美国特定的制度环境中,案件过滤机制表现出多元的目标导向,这其中又以提高诉讼效率为最主要的诉求之一。在追求效率的过程中,美国的警察、检察官和法官各自以较为独立的方式进行着刑事司法的运作,彼此间较少联系和影响。于是,案件过滤比率并未被严格控制,诉讼回流几乎不会出现,因为其会影响诉讼效率。可见,中国较低的案件过滤比率(含无罪判决率),是中国案件过滤机制运行的必然结果;同样,美国较高的案件过滤比率,也是美国案件过滤机制运行的必然结果。不同类型的运作,实际上是嵌入在各国特定的制度环境中的,轻易无法发生根本性的改变。

因此，笔者主张，虽然无罪判决比率是评价一个国家刑事司法体系的重要指标，然而我们不能机械、片面地看待这样一个比率。中美两国无罪判决率和案件过滤比率均为两国案件过滤机制运行的必然结果，它与人权保障、社会公平、程序正义和打击犯罪的准确程度之间没有必然的联系。

实际上，各国的案件过滤机制都是完成了制度环境所赋予的特定任务，但与此同时，也不可避免地形成了一系列的副产品。中国式案件过滤机制是在中国侦查机关侦查质量低下的背景之下而逐渐建立起来的。此种机制能够有效地避免因为公安、司法机关之间沟通不畅而导致的案件无谓损耗，同时，也能够在很大程度上解决部分疑罪，避免有罪之人逃脱刑事诉讼的制裁。可以说，从这两个方面来看，中国的案件过滤机制是较为出色地完成了制度环境中对于实体真实和不纵的强调。与此同时，在中国式案件过滤机制的运作过程中也势必会产生一系列问题。这一点毫无疑问，因为没有哪种制度是十全十美的。它过分地强调了纠错，从而使得刑事诉讼的效率十分低下，协商型的制度环境由于无法有效限制诉讼回流而加剧了效率的低下。

另外，中国式案件过滤机制在面对有些案外因素影响时显得力不从心，并有可能被全面抑制，而使无辜之人被错误处罚。当然，无法充分应对案外因素影响，实际上并非案件过滤机制的“专利”，而是存在于中国刑事诉讼的整个过程之中的。然而我国案件过滤机制的运作方式，却使法律规定的层层过滤事实上演变为单层过滤——公安、司法机关共同过滤。因此，只要一个环节的案件过滤机制失效，通常意味着整个案件过滤机制失效。这一点与美国完全不同，美国的刑事诉讼虽然也会发生案件过滤机制失效的问题，但是由于采用的是独断型的运作模式，其失效往往只是一个环节，比如大陪审团审查失效后，法官仍然可能进行案件过滤。

与中国式案件过滤机制的影响类似，美国式案件过滤机制也存在着正面和负面的影响。美国案件过滤中对效率的强调，使得美国刑事诉讼整体上以较为高效的方式运作。虽然庭审效率长期遭人诟病，但是实际上，许多案件事实上在庭审之前就已经被高效地解决了，其中案件过滤功不可没。同时,虽然美国刑事诉讼进行案件过滤更大程度上是基于程序的考量,比如证据,而进行并非罪与非罪的区分,但是这种严格的程序考量,对嫌疑人的权利保障而言却是至关重要的。因为它使得对嫌疑人定罪变得十分困难。① 更为重要的是,独断型的运作环境,极大地便利了美国案件过滤主体的相应行动,从而使案件过滤更为高效。

当然,美国的案件过滤机制也并非可以完全不受指摘。独断型的环境使得警察和检察官之间缺乏必要的沟通与交流,大量本应该被定罪的刑事案件因为检警之间糟糕的合作关系而被无谓损耗,这一点从新奥尔良的例子中就可以得知。正因为如此,美国的刑事诉讼从没有停止过改革的步伐。针对警检之间缺乏必要交流的弊端,美国事实上已经从 20 世纪 70 年代末开始进行一系列旨在加强合作交流的改革,这是协商型的特征的改革。这可以被视为克服独断型案件过滤机制弊端的尝试。比如 1973 年在达拉斯进行的试验中,通过警检的合作,达拉斯当地的刑事案件被大陪审团拒绝的比率下降了 68% ,因为警察错误而被撤销案件的比率下降了 60% 。② 1987 年,纽约市建立了联络人制度,警察部门专门派人列席检察官办公室的各种例会,若检察官需要补充相应的证据,则会通过联络人联系具体的警员展开工作,这种实践也取得了不错的效果,指控的犯罪被法院降等(slippage)的比率大为降低。③ 必须承认,通过几十年的努力,美国的警检关系取得了一定的改善,案件的精准度也有所提高。20 世纪 80 年代中期,检察官拒绝警察部门移送的案件通常都达到 20% 以上,并且最终有罪率(含辩诉交易的案件和法院判决有罪的案件)通常也仅占到警察最初移送

---

① 关于此主题的关注可以参见 William T. Pizzi, "Trials without Truth: Why Our System of Criminal Trials Has Become An Expensive Failure and What We Need to Do to Rebuild," *New York University Press*, 1999。

② 参见 John Buchanan, "Police-Prosecutor Drug Enforcement Teams: Innovations in Three Jurisdictions," *9 Am. J. Police 117*(1990)。

③ 参见 H. L. Wise, *Dallas Police Legal Liaison Division-An Exemplary Project*, Washington: USGPO, 1976。

案件的一半左右[1],而现阶段无论是拒绝的比率还是未定罪率均有明显的下降。同样,独断型的环境实际上赋予相应主体以极大的自由裁量权,这使美国的案件过滤的功利诉求五花八门,莫衷一是。基于定罪率的考量或者基于检察官办公室的土政策均可以进行案件过滤,同样,陪审团也可以基于各种原因而判决无罪。这些案件过滤在很大程度上是不受限制的。于是,美国的刑事诉讼就无法充分避免有罪之人逃避刑罚惩罚。同样,由于在刑事诉讼进行过程中没有遵循纠错的导向,这使得美国刑事诉讼在区分罪与非罪方面表现不佳。虽然在刑事审判之前已经有大量的案件被案件过滤,但是这种虚假繁荣,往往无助于提升刑事诉讼的精确性。其最终结果就是部分有罪之人仍然被定罪。

密歇根大学法学院的 Samuel R. Gross 和他的研究团队于 2004 年发布的《美国错案报告(1989—2003)》("Exonerations in the United States 1989 through 2003")中披露了与 Garrett 教授相似的数据。他通过实证考察 1989 年至 2003 年的 328 件"错误定罪"案件后发现,64%的错误定罪是由于目击证人的错误指认;44%的错误定罪是基于各种伪证;15%的错误定罪的案件中犯罪嫌疑人作出了假自白。[2]

其实本书的讨论远没有终结,仍有许多问题需要在进一步的研究中予以解决。比如为什么美国民众对这样一个相对粗糙的司法没有萌生极度的不满,是什么样的机制吸纳和阻碍了民众不满的形成?相较于美国,中国的刑事诉讼中是否存在此类机制,它们的实际效用又是如何?这些问题都有待于在将来的研究中逐渐予以揭示。

---

① B. Boland, et al., *The Prosecution of Felony Arrests, 1986*, Washington: USGPO, 1989. 虽然如此,美国现阶段警检之间的交流仍然十分不足,有鉴于此,在美国司法部的支持下,有些机构还出台了指导如何建立良好警检关系的指导意见,参见 J. E. Jacoby et al, *Prosecutor's Guide to Police-Prosecutor Relations*, working paper for Jefferson Institute for Justice Studies, (July 1999).

② Samuel R. Gross et al., "Exonerations in the United States 1989 through 2003," *Journal of Criminal Law and Criminology*, Vol. 95, No. 2.

主要参考文献

一、著作类

1. 左卫民:《在权利话语和权力技术之间:中国司法的新思考》,法律出版社2002年版。

2. 左卫民等:《诉讼权研究》,法律出版社2003年版。

3. 左卫民等:《中国刑事诉讼运行机制实证研究》,法律出版社2007年版。

4. 左卫民等:《中国刑事诉讼运行机制实证研究(二)——以审前程序为重心》,法律出版社2009年版。

5. 宋英辉译:《日本刑事诉讼法》,中国政法大学出版社2000年版。

6. 彭勃:《日本刑事诉讼法通论》,中国政法大学出版社2002版。

7. 刘根菊:《刑事立案论》中国政法大学出版社1994年版。

8. 陈瑞华:《问题与主义之间——刑事诉讼基本问题研究》,中国人民大学出版社2003年版。

9. 陈瑞华:《刑事诉讼前沿问题》,中国人民大学出版社2005年版。

10. 陈瑞华:《刑事诉讼的中国模式》,法律出版社2008年版。

11. 陈瑞华:《问题与主义之间——刑事诉讼基本问题研究》(第2版),中国人民大学出版社2008年版。

12. 肖仕卫:《刑事判决是如何形成的——以S省C区法院实践为中心的考察》,中国检察出版社2009年版。

13. 黄宗智:《过去和现在:中国民事法律实践的探索》,法律出版社2009年版。

14. 陈瑞华主编:《未决羁押制度的实证分析》,北京大学出版社2004年版。

15. 卞建林:《美国联邦刑事诉讼规则和证据规则》,中国政法大学出版社1998年版。

16. 王以真:《外国刑事诉讼法学》,北京大学出版社2004年版。

17. 张仲秋:《比较视野中的法律文化》,法律出版社2003年版。

18. 顾昂然:《立法札记——关于我国部分法律制定情况的介绍》,法律出版社2006年版。

19. 谢小剑:《公诉权制约制度研究》,法律出版社2009年版。

20. 甄贞等:《法律能还你清白吗?——美国刑事司法实证研究》,法律出版社2006年版。

二、论文类

1. 皮文井、罗静:《无罪判决≠公诉案件质量》,载《中国检察官》2007年第4期。

2. 刘晴、段明学:《走回精密司法——日本起诉便宜主义论析》,载《乐山师范学院学报》2006年第7期。

3. 陈瑞华:《刑事程序失灵问题的初步研究》,载《中国法学》2007年第6期。

4. 陈瑞华:《中国刑事司法的三个传统——以死刑复核制度改革问题为切入点的分析》,载《社会科学战线》2007年第4期。

5. 陈瑞华:《刑事诉讼的私力合作模式——刑事和解在中国的兴起》,载《中国法学》2006年第5期。

6. 王延祥、张雅芳:《审查逮捕主要程序问题研究》,载《政治与法律》2011年第7期。

7. 曹国华:《逮捕适用中存在的问题及改革完善对策》,载《人民检察》2008年第22期。

8. 李昌林:《审查逮捕程序改革的进路——以提高逮捕案件质量为核心》,载《现代法学》2011年第1期。

9. 侯智、黄鲁滨:《刑事不起诉制度探析》,载《法学杂志》2009年第10期。

10. 成凯:《不起诉的效力与公诉转自诉疑难问题探究》,载《西南民族大学学报》(人文社科版)2004年第1期。

11. 王永法、曹大波:《撤回提请批准逮捕情况的实证分析》,载《中国刑事法杂志》2011年第2期。

12. 汪海燕:《论刑事程序倒流》,载《法学研究》2008年第5期。

13. 郝双梅:《刑事撤案若干问题研究》,载《天津法学》2011年第2期。

14. 王立德、李旺城:《透视"撤案"程序危机提高法律监督能力——对顺义区近三年公诉阶段公安机关撤回案件的实证研究》,载《中国检察官》2006年第2期。

15. 单晓云、李旺城:《检察机关撤回起诉适用"危机"及改革出路——对北京市近年来检察机关撤回起诉案件情况的实证研究》,载《北京联合大学学报》(人文社会科学版)2008 年第 3 期。

16. 暴洁、钱芳:《刑事公诉案件撤回起诉的司法实践与思考》,载《中国检察官》2008 年第 1 期。

17. 王唐飞、蒋义红:《刑事撤回公诉辨析》,载《中国刑事法杂志》2010 年第 7 期。

18. 顾永忠、刘莹:《论撤回公诉的司法误区与立法重构》,载《法律科学》2007 年第 2 期。

19. 张明楷:《司法上的犯罪化与非犯罪化》,载《法学家》2008 年第 4 期。

20. 刘守芬、韩永初:《非犯罪化、非刑罚化之理性分析——报应刑刑事政策视角的观察》,载《现代法学》2004 年第 3 期。

21. 毛玲玲:《犯罪化与非犯罪化的价值与边界》,载《华东政法大学学报》2011 年第 4 期。

22. 李爱君、李勇:《犯罪化与非犯罪化之间:猥亵型犯罪的立法完善》,载《人民检察》2011 年第 14 期。

23. 姜涛:《无直接被害人犯罪非罪化研究》,载《法商研究》2011 年第 1 期。

24. 于改之:《我国当前刑事立法中的犯罪化与非犯罪化——严重脱逸社会相当性理论之提倡》,载《法学家》2007 年第 4 期。

25. 郭晓飞:《中国有过同性恋的非罪化吗?》,载《法制与社会发展》2007 年第 4 期。

26. 郑丽萍:《犯罪化和非犯罪化并趋——中国刑法现代化的应然趋势》,载《中国刑事法杂志》2011 年第 11 期。

27. 兰琴:《未成年人犯罪领域的非犯罪化研究》,载《北京青年政治学院学报》2010 年第 2 期。

28. 汪建成、杨微波:《论犯罪问题非犯罪化处理的程序机制》,载《山东警察学院学报》2006 年第 3 期。

29. 郭小亮:《论我国非犯罪化的司法路径》,载《西南政法大学学报》2009 年第 3 期。

30. 贾学胜:《非犯罪化的概念界定》,载《暨南学报》(哲学社会科学版)2007 年第 1 期。

31. 谢佑平、江涌:《从治罪到维权:我国刑事诉讼构造之重构》,载《江海学刊》2007 年第 3 期。

32. 陈烜:《论侦查阶段撤销案件的监督和制约机制》,载《华东政法大学学报》2009 年第 2 期。

33. 成序、罗波、崔存军:《法治视野中的刑事案件立案程序——以公安机关为视角的考证》,载《政法学刊》2006 年第 3 期。

34. 刘福谦:《〈关于刑事立案监督有关问题的规定(试行)〉之理解与适用》,载《人民检察》2010 年第 17 期。

35. 孙长永:《检察机关批捕权问题管见》,载《国家检察官学院学报》2009 年第 2 期。

36. 周光权、刘祥林、王黎、邢永杰:《职务犯罪案件批捕权上提一级试行改革报告》,载《人民检察》2011 年第 11 期。

37. 周洪波、单民:《关于刑事立案监督的几个问题》,载《人民检察》2004 年第 4 期。

38. 赵景川、宗森:《论立案监督的制度保障》,载《河南公安高等专科学校学报》2003 年第 4 期。

39. 俞静尧:《刑事立案检察监督的现状分析与制度完善》,载《人民检察》2005 年第 7 期。

40. 徐国华:《侦查监督的创新举措——湖北省检察机关建立刑事立案与侦查活动监督调查机制的经验》,载《人民检察》2007 年第 1 期。

41. 王贞会:《检察机关撤回公诉制度》,载《国家检察官学院学报》2010 年第 4 期。

42. 广州市人民检察院课题组:《关于撤诉案件和无罪判决案件的调查报告》,载《中国刑事法杂志》2003 年第 5 期。

43. 陈学权:《对"以撤回公诉代替无罪判决"的忧与思》,载《中国刑事法杂志》2010 年第 1 期。

44. 朱凤翔、许冬生:《刑事公诉案件撤回起诉的实证分析与制度完善》,载《人民检察》2009 年第 7 期。

45. 吴小军、董超:《刑事诉审合意现象之透视——以撤回公诉和无罪判决为样本》,载《人民司法》2011 年第 15 期。

46. 唐亮:《中国审前羁押的实证分析》,载《法学》2001 年第 7 期。

47. 褚福民:《取保候审的实体化》,载《政法论坛》2008 年第 2 期。

48. 刘兴军:《取保候审判处缓刑案件实证调研报告》,载《中国刑事法杂志》2011 年第 4 期。

49. 王新清、李征:《论留有余地判处死缓案件——兼论判决结果的相对合理性》,载《中国刑事法杂志》2006 年第 2 期。

50. 陈瑞华:《留有余地的判决——一种值得反思的司法裁判方式》,载《法学论坛》2010 年第 4 期。

51. 潘金贵:《美国刑事预审程序考察与评价》,载《西南民族大学学报》(人文社科版)2011 年第 12 期。

52. 李奋飞:《从"有错必纠"走向"有限纠错"》,载《人民检察》2011 年第 11 期。

53. 张庆东:《审判监督制度的基础转换与制度构建——兼论"有错必纠"原则的价值缺失》,载《福建法学》2004 年第 4 期。

54. 许尚豪:《上诉审纠错功能的法律思考——以法院层级关系为分析视角》,载《河北法学》2008 年第 4 期。

55. 林喜芬:《论刑事司法错误》,载《昆明理工大学学报》(社会科学版)2009 年第 7 期。

56. 李建明:《刑事错案的深层次原因——以检察环节为中心的分析》,载《中国法学》2007 年第 3 期。

57. 王静:《对捕前会审工作的几点思考》,载《四川检察》2005 年第 5 期。

58. 陈建强:《不批捕复议复核制度的问题及完善对策——以 2007 至 2009 年全国公安机关不服人民检察院不批准逮捕决定要求复议复核案件为分析样本》,载《天津法学》2011 年第 2 期。

59. 梁玉霞:《逮捕中心化的危机与解困出路——对我国刑事强制措施制度的整体检讨》,载《法学评论》2011 年第 4 期。

60. 马静华:《侦查权力的控制如何实现——以刑事拘留审批制度为例的分析》,载《政法论坛》2009 第 5 期。

61. 谢诚:《论取保候审制度的完善——以公安机关刑事司法实践为视野》,载《浙江公安高等专科学校学报》(公安学刊)2004 年第 2 期。

62. 石凯、胡伟:《新制度主义"新"在哪里》,载《教学与研究》2006 年第 5 期。

63. 郭毅、徐莹、陈欣:《新制度主义及其对组织研究的贡献》,载《社会》2007 年第 1 期。

64. 尚航标、田国双、李卫宁:《组织社会学新制度主义与管理研究》,载《东北农业大学学报》(社会科学版)2011 年第 2 期。

65. 曹胜:《制度与行为关系:理论差异与交流整合——新制度主义诸流派的

比较研究》,载《中共天津市委党校学报》2009 年第 4 期。

66. 邓锁:《双重制度逻辑与非营利组织的运行——一个新制度主义视角的解释》,载《华东理工大学学报》(社会科学版)2005 年第 4 期。

67. 王禄生:《审视与评析:人民调解的十年复兴——新制度主义视角》,载《时代法学》2012 年第 1 期。

68. 马迎贤:《资源依赖理论的发展和贡献评析》,载《甘肃社会科学》2005 年第 1 期。

69. 李红宇:《基于资源依赖理论探析中国大学自治——以“985 工程”建设为例》,载《江西社会科学》,2011 年第 2 期。

70. 马长生、陈燕:《我国诉讼监督的一个难点及其突破——析“严禁”语境下的刑讯逼供》,载《时代法学》2012 年第 1 期。

71. 韩丹、刘大伟:《检侦关系改进论——以公安机关考核机制对退回补充侦查的影响为视角》,载《辽宁大学学报》(哲学社会科学版)2011 年第 5 期。

72. 吴建雄:《检察业务考评制度的反思与重构——以检察官客观公正义务为视角》,载《法学杂志》2007 年第 6 期。

73. 姜保忠、徐宜亮:《对补充侦查制度的另一种解读——侧重于审查批捕阶段的考察》,载《法治研究》2007 年第 12 期。

74. 黄烨:《论补充侦查制度》,载《中国刑事法杂志》2005 年第 4 期。

三、译著、译文类

1. 〔美〕约书亚·德雷克斯、艾伦·C. 迈克尔斯:《美国刑事诉讼法精解:第一卷·刑事侦查》(第 4 版),吴宏耀译,北京大学出版社 2009 版。

2. 〔美〕艾伦·C. 迈克尔斯:《美国刑事诉讼法精解:第二卷·刑事审判》(第 4 版),魏晓娜译,北京大学出版社 2009 年版。

3. 〔美〕米尔伊安·R. 达玛什卡:《司法和国家权力的多种面孔——比较视野中的法律程序》,郑戈译,中国政法大学出版社 2004 年版。

4. 〔英〕罗杰·科特威尔:《法律社会学导论》,潘大松等译,华夏出版社 1989 年版。

5. 〔美〕爱伦·豪切斯泰勒·斯黛丽、南希·弗兰克:《美国刑事法院诉讼程序》,陈卫东、徐美君译,中国人民大学出版社 2002 年版。

6. 〔美〕耳卜尔·卡米萨、韦恩·R. 拉费弗、杰罗尔德·H. 伊斯雷尔:《美国刑事诉讼程序概述》,载《环球法律评论》1980 年第 1 期。

7.〔美〕卡罗尔·索尔坦、埃里克·尤西拉纳、维吉尼亚·郝夫勒:《新制度主义:制度与社会秩序》,陈雪莲译,载《马克思主义与现实》2003年第6期。

8.〔美〕杰弗里·菲佛、杰勒尔德·R.萨兰基克:《组织的外部控制——对组织资源依赖的分析》,闫蕊译,东方出版社2006年版。

9.〔美〕沃尔特·W.鲍威尔、保罗·J.迪马吉奥:《组织分析的新制度主义》,姚伟译,上海人民出版社2008年版。

10.〔美〕朱利安·罗伯茨、麦克·豪夫:《解读社会公众对刑事司法的态度》,李明琪等译,中国人民公安大学出版社2009年版。

四、英文文献

1. B. Boland, et al., *The Prosecution of Felony Arrests, 1986*, Washington: USGPO, 1989.

2. J. Petersilia, et al., *Police Performance and Case Attrition*, Washington: USGPO, 1987.

3. James Garofalo, "Police, Prosecutors, and Felony Case Attrition," *Journal of Criminal Justice Vol. 19, (1991)*.

4. P. F. Healy and J. E. Jacoby, *The Prosecutor's Screening Function: Case Evaluation and Control*, Washington: USPGO, 1973.

5. Steven K. Smith and Mark Motivans, *Compendium of Federal Justice Statistics*, 2004, Washington: USGPO, 2006.

6. Thomas H. Cohen and Brian A. Reaves, *Felony Defendants in Large Urban Counties, 2002*, Washington: USGPO, 2006.

7. Executive Office for United States Attorneys, *United States Attorneys' Annual Statistical Report (2010)*, working paper for U.S. Department of Justice.

8. J. Garber, *Screening of Criminal Cases and Recommendations*, Washington: USGPO, 1973.

9. Steven R. Schlesinger and Marianne W. Zawitz, *Report to the Nation on Crime and Justice*, Washington: USGPO, 1988.

10. Joan Crouch, *Colorado Replication of the 1990 National Prosecutors Survey*, Washington: USGPO, 1992.

11. Andrew Leipold, "Why Grand Juries Do Not (and Cannot) Protect the Accused," *80 Cornell L. Rev. 260*(1994).

12. Robert A. Carp and Ronald Stidham, *Judicial Process in America*, 5th, Ed. A Division of Congressional Quarterly Inc. 2001.

13. B. Boland, et al., *The Prosecution of Felony Arrests, 1988*, Washington: USGPO, 1992.

14. Albert W. Alschulert, "The Prosecutor's Role in Plea Bargaining," *36 U. Chi. L. Rev.* 50 (1968).

15. *The Prosecutor's Deskbook (1971)*, published by the National District Attorneys Association.

16. *National Prosecution Standards (1991)*, Second Edition, NDAA.

17. W. F. McDonald, et al., *Police-Prosecutor Relations in the United States: Executive Summary*, Washington: USGPO, 1982.

18. J. E. Jacoby, "Police-Prosecutor Relations", *Working Paper for the National Institute of Justice* (November 1981).

19. White Carns et al., "A Reevaluation of Alaska's Ban on Plea Bargaining," *8 Alaska L. Rev. 27*(1991).

20. Robert F. Leonard and Joel B. Ease, "Alternative to the Criminal Warrant Process: the Prosecution's Discretionary Decision to Charge," *Working Paper for National District Attorneys Association*, 1973.

21. H. Kalven, JR. and H. Zeisel, *The American Jury*, Boston: Little, Brown, 1966.

22. David A. Harris, *The Interaction and Relationship between Prosecutors and Police Officers in the U. S., and How This Affects Police Reform Efforts*, University of Pittsburgh School of Law, Working Paper No. 2011-19(June 2011).

23. D. M. Mcintyre, "Impediments to Effective Police-Prosecutor Relationships," *13 Am. Crim. L. Rev.* 201(1975).

24. John W. Meyer, Brian Rowan, "Institutionalized Organizations: Formal Structure as Myth and Ceremony," *American Journal of Sociology, 1977*, (2).

25. Suchman M. C: "Managing Legitimacy, Strategy and Institutional Approaches," *Academy of Management Review.* 1995, 20(3).

26. Calvin Morrill and Cindy McKee, "Institutional Isomorphism and Informal Social Control: Evidence from a Community Mediation Center," *Social Problems, 1993 (4)*.

27. Peter Hall and Rosemary Taylor, "Political Science and the Three New Institutionalisms," *Political Studies*, *Vol. XL IV*, *No. 5*, *1996*.

28. James D. Thompson, "Organizations in Action: Social Science Bases of Administrative Theory," *New York*: *McGraw-Hill*, 1967.

29. Tom Stacy, "The Search for the Truth in Constitutional Criminal Procedure," *91 Colum. L. Rev.* 1369(1991).

30. Woo, M. Y. K., "Law and Discretion in the Contemporary Chinese Courts," *Pacific Rim. Law & Policy Journal*, 8(1999).

31. Jeffrey Reiman and Ernest van den Haag, "On the Common Saying that it is Better that Ten Guilty Persons Escape than that One Innocent Suffer: Pro and Con," *7 Soc. Phil&Policy* (1990).

32. William T. Pizzi, "Understanding Prosecutorial Discretion in the United States: The Limits of Comparative Criminal Procedure as an Instrument of Reform," *Ohio State Law Journal*, Vol. 54.

33. William T. Pizzi, "Trials without Truth: Why Our System of Criminal Trials Has Become An Expensive Failure and What We Need to Do to Rebuild," *New York University Press*, 1999.

34. John M. Dawson, et al., *Prosecutors in State Courts*, *1990*, Washington: USGPO, 1993.

35. Daniel Richman, "Prosecutors and Their Agents, Agents and Their Prosecutors," *103 Colum. L. Rev.* 749(2003).

36. E. J. Jordan, *Toward a Fully Integrate Criminal Justice System*, Orleans Parish District Attorney Annual Report, 2005.

37. Steven W. Perry and Duren Banks, *Prosecutors in State Courts*, *2007*, Washington: USGPO, 2011.

38. Gregory H. Williams, "Police Discretion: The Institutional Dilemma — Who is in Charge?", *68 Iowa L. Rev.* 431, 437(1983).

39. Jeffrey Fagan and Tom Tyler, "Legitimacy and Cooperation: Why Do People Help the Police Fight Crime in Their Communities?" *Ohio State Journal of Criminal Law* 6 (2008).

40. Samuel R. Gross et al., "Exonerations in the United States 1989 through 2003," *Journal of Criminal Law and Criminology*, Vol.95, No.2.

41. Samuel R. Gross, "Lost Lives: Miscarriages of Justice in Capital Cases," *Law and Contemporary Problems*, Volume 61, Issue 4(1998).

42. John Buchanan, "Police-Prosecutor Drug Enforcement Teams: Innovations in Three Jurisdictions," *9 Am. J. Police 117*(1990).

43. J. E. Jacoby et al, *Prosecutor's Guide to Police-Prosecutor Relations*, working paper for Jefferson Institute for Justice Studies, (July 1999).

44. R. S. Frase, "The Search for the Whole Truth about American and European Criminal Justice," *3 Buffalo Criminal Law Review* (2000).

45. H. L. Wise, *Dallas Police Legal Liaison Division-An Exemplary Project*, Washington: USGPO, 1976.

46. Harold J. Rothwax, *Guilty*, *The Collapse of Criminal Justice*, New York: Random House, 1996.

47. Sol Wachtler, "Grand Juries: Wasteful and Pointless," http://www.nytimes.com/1990/01/06/opinion/grand-juries-wasteful-and-pointless.html.

48. Gerald F. Davis and J. Adam Cobb, "Resource Dependence Theory: Past and Future," http://webuser.bus.umich.edu/gfdavis/Papers/davis_cobb_09_RSO.pdf.

49. "The Rape That Wasn't: The First DNA Exoneration in Illinois," Center on Wrongful Convictions, http://www.law.northwestern.edu/wrongfulconvictions/exonerations/ilDotsonSummary.html.

50. Mary Ann Fergus, "Josiah Sutton Still Waits for Legal Exoneration," Houston Chronicle, http://www.chron.com/news/houston-texas/article/Josiah-Sutton-still-waits-for-legal-exoneration-1986031.php.

51. Andrew Martin: "The Prosecution's Case Against DNA," http://www.nytimes.com/2011/11/27/magazine/dna-evidence-lake-county.html? pagewanted = all.

52. "Police-Prosecutor Relations," Lecture by Jerry M. Blair, State Attorney, Third Judicial Circuit(retired).

五、报纸文章及讲话

1. 肖扬:《全面加强刑事审判工作为经济社会和谐发展提供有力司法保障》, 2006 年 11 月 7 日在第五次全国刑事审判工作会议上的讲话。

2. 曹建明:《最高人民检察院关于加强刑事审判法律监督工作维护司法公正

情况的报告》,2008 年 10 月 26 日在第十一届全国人民代表大会常务委员会第五次会议上的发言。

3. 陈瑞华 2010 年 5 月 10 日在“社会管理创新与未成年人刑事案件审查逮捕程序改革研讨会”上的讲话。

4. 最高人民检察院司法改革领导小组办公室主任王洪祥 2010 年 5 月 10 日在“社会管理创新与未成年人刑事案件审查逮捕程序改革研讨会”上的讲话。

5. 余双彪:《理性对待无罪判决》,载 2011 年 2 月 22 日《检察日报》。

6. 陈其功:《应理性看待无罪判决》,载 2010 年 8 月 10 日《检察日报》。

7. 仇新华:《对待无罪判决应持宽容态度》,载 2009 年 8 月 11 日《检察日报》。

8. 瞿方业:《低无罪判决率不应成为追求》,载 2010 年 11 月 24 日《西部商报》。

9. 徐日丹:《职务犯罪案件审查逮捕上提一级改革初见成效》,载 2010 年 8 月 26 日《检察日报》。

10. 于书峰、刘金林:《撤回提请批准逮捕程序须规范》,载 2007 年 9 月 17 日《检察日报》。

11. 巢湖日报:《当好公平正义的守护神》,载 2009 年 12 月 1 日《巢湖日报》。

12. 张仁平:《刑事立案监督不愁“无米之炊”》,载 2010 年 10 月 23 日《检察日报》。

13. 刘德安、尚秀俊:《前 9 月立案监督 14 案 33 人》,载 2010 年 10 月 12 日《检察日报》。

14. 王成:《立案监督立法尚需完善》,载 2001 年 8 月 4 日《法制日报》。

15. 钟学城:《该不该立案不单是司法问题》,载 2010 年 10 月 4 日《南方都市报》。

16. 雷晴:《检察院预警、考评机制显成效 云南检方去年公诉案几无错》,载 2010 年 4 月 20 日《昆明日报》。

17. 李向华:《全省检察工作会议昨日召开刑事案件撤回起诉率明显降低》,载 2008 年 1 月 14 日《河南法制报》。

18. 周玉华:《山东省高级人民法院工作报告》,载 2012 年 3 月 2 日《山东法制报》。

19. 金石:《甘肃省检察机关公诉案件质量明显提升》,载 2012 年 1 月 7 日《甘肃日报》。

20. 应勇:《上海市高级人民法院工作报告——2011 年 1 月 19 日在上海市第十三届人民代表大会第四次会议上》,载 2011 年 1 月 26 日《解放日报》。

21. 南方日报:《9 年 4 万多人获判无罪》,载 2006 年 11 月 9 日《南方日报》。

22. 吴兢:《死刑案件须做到杀者不疑、疑者不杀》,载 2007 年 6 月 9 日《人民日报》。

23.《最高检公安部明确立案监督 发现违法立案 检方可不予批捕》,载 2010 年 10 月 3 日《半岛晨报》。

24.《最高检、公安部 检方可用不批捕纠正违法立案》,载 2010 年 10 月 3 日《厦门日报》。

25. 薛培、史斌、谷萍:《成都:探索不捕案件说理制度》,载 2007 年 2 月 14 日《检察日报》。

26. 邱春艳、钟检轩:《"逮捕必要性论证"实施之后》,载 2010 年 10 月 27 日《检察日报》。

27. 刘英旭、杨纾:《要重视公诉环节诉讼程序回转中的问题》,载 2011 年 12 月 9 日《检察日报》第 3 版。

28. 申欣旺、申海娇:《政法委书记兼任公安局长引争执 或致更多"铁案"》,载 2010 年 3 月 25 日《中国新闻周刊》。

29. 王斗斗:《全国近 500 家检察院与公安法院联动"快速办理"》,载 2008 年 7 月 17 日《法制日报》。

30. 张景义等:《聚焦国内"辩诉交易"第一案》,载 2002 年 8 月 8 日《人民法院报》。

31. 陈暄:《4 243 件案件"私下和解"我省刑事和解案件赔偿履行率达 99.5%》,载 2009 年 12 月 13 日《长沙晚报》。

32. 王琳:《在中国,"恢复性司法"仍当慎行》,载 2006 年 11 月 3 日《东方早报》。

33. 曲昌荣:《郑州中院对故意杀人案适用刑事和解达成谅解就能"花钱减刑"?》,载 2009 年 10 月 27 日《人民日报》。

34. 吴晓峰:《轻伤害等案件允许当事双方"私了"有利社会和谐还是会导致胡作非为? 刑事和解争议中试水遇法律难题》,载 2006 年 7 月 26 日《法制日报》。

35. 刘承韪等:《刑事和解的正当性追问》,载 2009 年 7 月 13 日《法制日报》。

36. 王琳:《"恢复性司法"还没到本土化的时候》,载 2009 年 11 月 2 日《法制日报》。

37. 松江报:《圆满完成十一届全国人大二次会议各项议程全国人大代表盛亚飞日前返沪》,载2009年3月16日《松江报》。

38. 李恩树:《"醉驾入刑"满月司法机关执法办案真实状况调查醉驾大降公安执法由高压趋于常态》,载2011年6月11日《法制日报》。

39. 黄新:《"醉驾入刑"2218人无一免予刑事处罚或无罪判决》,载2012年1月15日《钱江晚报》。

40. 赵新明:《"醉驾入刑"实施半年241名司机被提起公诉》,载2011年11月1日《深圳特区报》。

41. 邹伟、史竞男:《"醉驾入刑"八个月,全国查处"酒驾"下降近五成》,载2011年12月31日《检察日报》。

42. 张国栋:《法院派员"跨省追捕"发帖网民》,载2011年8月25日《南方都市报》。

43. 梅华峰等:《丈夫被错判杀妻续:妻子家属曾要求从速执行死刑》,载2005年4月1日《湖北日报》。

44.《最高检将建立批捕诽谤案件审批制度》,载2010年8月8日《宁波晚报》。

45.《新规解读诽谤案批捕"上提一级",权威专家进行解读——保障言论自由 防止"因言获罪"》,载2010年8月16日《保定晚报》。

46. 张钦:《宁夏吴忠警方:赔钱,道歉》,载2011年1月13日《四川日报》。

47.《河南灵宝公安局责任人被停职"发帖青年"获赔783.93元》,载2009年4月18日《汕头特区晚报》。

48. 蒋坛军:《从长春市长道歉看官员道歉的境界》,载2011年9月30日《扬子晚报》。

49. 江胜忠:《脾气最大的执行局局长道歉》,载2011年9月30日《都市快报》。

50.《洛阳公安局就"性奴"案公开道歉》,载2011年9月26日《四川工人日报》。

51.《游客被误当访民遭殴打追踪 洛阳处理6官员向伤者道歉》,载2011年9月25日《东南早报》。

六、网络文献

1. 姚志强:《析公安机关撤回提请批准逮捕》,载上海金山区检察院 http://

www. 52921234. com/jsjcy/page3-4. htm。

2. 方绍伟:《解读中国这个“谜”》,载 http://www. china-review. com/lishipindaoa. asp? id = 29101。

3. 赵晓磊:《从审查起诉阶段的补充侦查辨析检警关系》,载北京检察网 http://www. bjjc. gov. cn/bjoweb/minfo/view. jsp? DMKID = 157&XXBH = 15180。

4. 覃如雕:《刑事诉讼视野下的不批捕复议复核制度》,载中国法学网 http//www. chinapublaw. com/emphases/20071115130030. htm。

5. 郑东、陈亮:《我市桥西检察院积极探讨审查起诉阶段的补充侦查工作》,载石家庄政法综合网 http://www. sjzzfw. gov. cn/col/1291118023029/2010/10/29/1291207997859. html。

6. 李继峰:《刑事抗诉职能弱化的原因与对策分析》,载江苏检察网 http://www. js. jcy. gov. cn/readnews. asp? nid = 10135。

7.《最高人民法院:醉酒驾驶并非一律构成刑事犯罪》,载凤凰网 http://auto. ifeng. com/roll/20110511/607469. shtml。

8. 王剑:《江西“发飙女警”被辞退 公安局上门道歉获谅解》,中国新闻网 http://www. chinanews. com/gn/2011/09-20/3340257. shtml。